Land van werk en honing

HANINA AJARAI (Ijarmaouas, 1981) studeerde Arabisch in Leiden. MARJOLIJN VAN HEEMSTRA (Amsterdam, 1981) studeerde religiestudies en schrijft voor *Trouw*. Daarnaast schrijft zij theaterstukken. Samen schreven ze jarenlang voor *Viva* en *Contrast*.

Hanina Ajarai
en Marjolijn van Heemstra

Land van werk en honing

Verhalen van Marokkaanse moeders over hun migratie

UITGEVERIJ BULAAQ · AMSTERDAM

Voor Gezina en Zoelikha

eerste druk 2006
tweede druk 2007

© 2006 copyright Hanina Ajarai en Marjolijn van Heemstra
omslagfoto en foto's in boek uit privéarchief van de geïnterviewden
foto auteurs Simone van Rees
omslagontwerp Marjo Starink en Betty van Bree, Amsterdam
opmaak binnenwerk Studio Cursief, Amsterdam

ISBN 978 90 5460 139 5 / NUR 740

Verspreiding in België Van Halewyck, Leuven

Uitgeverij Bulaaq, Recht Boomssloot 69, 1011 CW Amsterdam
www.bulaaq.nl

INHOUD

Voorwoord 7

Fatima 9
Warda

Yasmine 35
Hayat

Mimount 64
Zaynab

Atika 93
Tamar

Halima 122
Nadia

Zoelikha 145
Maryam

VOORWOORD

Het plan voor deze bundel ontstond twee jaar geleden tijdens een Marokkaans huwelijksfeest waar we samen te gast waren. De uitbundigheid van vooral de eerste generatie Marokkaanse vrouwen was opvallend. Vol overgave stortten zij zich in het feest: dansend, schreeuwend, joelend. Aan het eind van de avond, toen hun mannen buiten stonden te wachten, trokken zij hun kleren recht, verborgen hun haren en liepen met zedige blikken de feestzaal uit, hun dagelijks leven in.

Wij bedachten hoe weinig we eigenlijk van deze vrouwen weten. We zien hen op straat, hebben een mening over hen, maar hun verhalen horen we niet.

Zij zijn de moeders van grote gezinnen, de vrouwen van de eerste gastarbeiders, maar ook pioniers, die hun land verlieten voor een betere toekomst. Wie zijn zij? Hoe zag hun jeugd eruit? Wat verwachtten zij van hun leven in Nederland? En wat is daarvan uitgekomen?

Een jaar lang bezochten we verschillende Marokkaanse vrouwen en lieten hen over hun leven vertellen. Hun verhalen bleken verrassend divers; soms bizar, ontroerend en grappig, maar ook schrijnend.

Na afloop hebben we hun dochters gevraagd hoe zij hun moeder zien, en wat er na één generatie veranderd is. Herkennen zij zichzelf in hun moeder? Wat nemen zij mee van de traditie van generaties voor hen? En wat laten zij los?

Uiteindelijk zijn zes verhalen geselecteerd voor deze bundel. Op verzoek van de vrouwen zijn de meeste namen in het boek gefingeerd. De foto's in dit boek komen uit het persoonlijke archief van een aantal van de vrouwen.

Onze dank gaat uit naar Boubkari voor het secuur nalezen van de verhalen en zijn bruikbare commentaren. En aan Simone van Rees voor de gratis fotoshoot.

Maar de meeste dank zijn wij verschuldigd aan de moeders en dochters uit deze bundel die bijzonder gastvrij, openhartig en geduldig waren gedurende het project. Wij hopen met deze bundel hun verhalen de aandacht te geven die ze verdienen.

Hanina Ajarai en Marjolijn van Heemstra
oktober, 2006

FATIMA (±1956)

Trouwen met een man die ons meenam naar het buitenland,
kinderen krijgen en nooit meer werken, dat was alles
wat we wilden.

Een van mijn dochters heeft me wel eens gevraagd of ik vroeger een grote droom voor mezelf heb gehad, maar zo dacht ik niet, zo dacht niemand bij ons. Je wist gewoon wat er moest gebeuren. Voor een vrouw waren trouwen en kinderen krijgen onvermijdelijk en de enige manier om meer aanzien te krijgen. Een ander levenspad bestond niet, dus wilde ik een goed huwelijk en veel kinderen.

Ik ben geboren en opgegroeid in Reznef, een dorp in het Rifgebergte, niet ver van de stad Nador. Reznef is eigenlijk meer een gehucht; in mijn jeugd waren er maar veertig huizen, maar de families die erin woonden waren groot.

We hadden geen school in het dorp en geen dokter. Sommige kinderen kregen les in de moskee en wie echt heel ziek was ging met een paard naar de dokter in Ijasar, een dorp verderop.

Mijn vader vond het onzin om ons te laten leren. Hij had ons thuis nodig. Toen ik jong was vond ik dat niet erg, maar achteraf gezien vind ik het jammer. Ik was best slim en had heel graag willen leren lezen en schrijven.

Kinderen die les kregen waren een uitzondering, voor de meeste lagen er elke dag genoeg taken klaar om tot de avond mee bezig te zijn.

Dat begon vanaf een jaar of vier. Mijn eerste taak op de boerderij was het wassen van de luiers van mijn jongere broertje en zusjes. Toen ik iets ouder was moest ik mee helpen met het halen van water.

Daar had ik een hekel aan. Ik nam dan de *aqdoeh* mee en liep een kwartier lang de berg af naar de rivierbedding. Maar dat was niet het probleem, het kostte meer moeite om met de volle stenen kruik de berg weer op te gaan. Je moest zoveel water op je rug dragen als je kon tillen, maar omdat ik zo klein was, was dat weinig en had ik altijd het gevoel dat ik niet genoeg mijn best deed. Mijn zussen vergeleken hun hoeveelheid met de mijne en lachten me dan uit. Volgens hen nam ik maar een paar druppels mee.

Ik ben de zesde van dertien kinderen, van wie er nog elf leven. De eerste die stierf, een meisje, overleed vlak na haar geboorte. Ze heeft nooit een naam gekregen omdat ze nog voor haar naamfeest stierf. De tweede was mijn jongere broertje Ali, die overleed toen hij een kleuter was.

Toen hij ziek werd hadden we geen vervoer om hem naar de dokter in Nador te brengen. Bovendien zou het veel te veel geld kosten om hem in het ziekenhuis te laten opnemen.

Ik kan me nog goed herinneren hoe hij op een plank in de kamer lag terwijl de imam hem waste en klaarmaakte voor de begrafenis. Niemand weet waaraan hij is overleden, lichamen werden na de dood nooit onderzocht. Mijn moeder was vreselijk verdrietig. Het was heel normaal dat baby's stierven, maar als ze eenmaal een jaar of vier waren dan hoorden ze sterk genoeg te zijn. Een maand later was mijn moeder weer zwanger en omdat er zoveel te doen was thuis hadden we weinig tijd om nog aan hem te denken.

De dood was iets waar we vaak mee te maken kregen en we leerden al jong iemands sterven te aanvaarden als het lot.

De meeste sterfgevallen in het dorp kwamen voor onder vrouwen die bevielen; er was wel een vroedvrouw, maar als de bevalling misging had ze geen middelen om iets te doen. Vrouwen bevielen zittend, met een touw achter zich aan de muur waar ze met al hun kracht aan trokken als de pijn te erg werd.

Pasgeboren baby's werden veertig dagen niet gewassen, oudere vrouwen waarschuwden jonge moeders dat het water in het hoofd van de baby zou kunnen druppelen. Als het kind ziekelijk was, werd het naar een vrouw in het dorp gebracht die met een scheermesje kleine sneetjes in het lichaampje van de baby maakte en het daarna met henna insmeerde. Het werkte lang niet altijd, veel baby's stierven toch.

De heer des huizes moest de dood van iemand op zijn boerderij aankondigen. Dan hoorde je door de straten bijvoorbeeld: 'Mohammed is overleden, komt allen graven!'

Het graf werd door alle mannen van het dorp gegraven. De vrouwen bleven thuis, kookten voor de mannen en jammerden om de dode.

Los van geboorte, huwelijk, dood en twee islamitische feestdagen per jaar hadden we niets wat onze dagelijkse sleur doorbrak. Het is pas sinds ik in Nederland woon dat ik weet dat er zoiets als weekend en vakantie bestaat. In ons dorp moest het vee altijd gevoerd worden en het land altijd bewerkt. Op bruiloften mochten de jonge meisjes maar even blijven, als er gezongen en gedanst was, wachtten de koeien.

We hadden een streep op de binnenplaats en als de zon daar op stond was het tijd voor het middaggebed. Ik wist bij elke bruiloft dat ik kon blijven zolang de zon niet over de streep was. Meestal moest ik weg voordat er gegeten werd, dus probeerde ik in de keuken alvast wat vlees te krijgen. Vlees was schaars en als het er al was, zoals op een bruiloft, deden we er alles aan om er wat van te bemachtigen. Weggaan van een bruiloft zonder vlees te hebben gegeten voelde als een grote mislukking.

Hoewel er heel veel te doen was vonden we tijdens het werken vaak tijd om spelletjes te doen en elkaar verhalen te vertellen. We maakten bijvoorbeeld steentjes rond waarmee we een doel probeerden te raken. Degene die er het dichtst bij had gegooid won alle ronde steentjes.

Een ander spelletje dat we veel speelden was met veiligheidsspelden. Je maakte een kuiltje in de grond en wie daar als eerste zijn veiligheidsspeld in kreeg, won ze allemaal.

Die ronde steentjes en de spelden waren, behalve onze kleren, ons enige bezit. We stopten ze onder onze kussens als we gingen slapen en droegen ze altijd bij ons.

Wie veel spelden won, hing ze op zijn borst om andere kinderen jaloers te maken. Ik was goed in gooien en soms hing mijn jurk zo vol spelden dat mijn moeder schreeuwde dat ik ze eraf moest halen, omdat mijn jurk nog zou scheuren.

Omdat we met elf kinderen waren was er altijd strijd om de aandacht van mijn moeder. De beste manier om dicht bij haar te komen was ziek worden. Wie ziek was mocht bij haar slapen. Omdat ik niets fijner vond dan 's nachts tegen mijn moeder aan liggen deed ik vaak alsof me iets mankeerde, maar daar trapte ze niet altijd in.

De weinige momenten die ik alleen met haar doorbracht vertelde ze sprookjes en verhalen en een enkele keer iets over zichzelf. Ze kon goed vertellen over haar gekke schoonmoeder bij wie ze tien jaar lang in huis had moeten wonen nadat ze rond haar zestiende met mijn vader was getrouwd.

Mijn vaders moeder deed er alles aan om mijn moeder het leven lastig te maken. Als mijn moeder bijvoorbeeld brood aan het kneden was en met een paar ongebakken broden naar de oven liep, verstopte haar schoonmoeder snel de overige broden. Dan draaide mijn moeder zich om en zag dat al het ongebakken brood waar ze de hele ochtend mee bezig was geweest verdwenen was. Meestal vond ze het terug in de stal, ergens tussen het hooi.

Het is algemeen bekend dat veel schoonmoeders onredelijk zijn tegen hun schoondochters, maar ik denk dat mijn moeder het wel erg zwaar te verduren heeft gehad. Ze moest mijn vaders moeder wassen, ontluizen en te allen tijde gehoorzamen.

Bovendien deed zij voortdurend haar beklag over mijn moeder bij mijn vader. Als mijn moeder zichzelf verdedigde en probeerde te vertellen wat haar schoonmoeder gedaan had, wilde hij het niet horen. Hij wilde geen partij kiezen. Ze had dus niemand om naar toe te gaan als ze weer eens getreiterd werd.

Pas na tien jaar gingen mijn vader en moeder alleen wonen en kon ze haar eigen beslissingen nemen.

Over haar eigen ouders praatte mijn moeder nauwelijks. Ik weet dat haar vader is gestorven in de oorlog tegen Spanje en daarbij zijn vrouw met tien dochters en een zoon achterliet. Dat was in de jaren twintig. Ze waren heel arm. Ook weet ik dat er in mijn moeders jeugd een hongersnood was waar hun gezin erg onder geleden heeft. Door de honger en armoede heeft ze jong geleerd te vechten om te overleven en ik denk dat dat haar hard heeft gemaakt.

Mijn moeder was liever voor haar zoons dan voor haar dochters, maar dat was niet ongebruikelijk. Zoons waren in de ogen van de gemeenschap nou eenmaal meer waard dan dochters en dat is in Reznef nog steeds het geval. Toen ik al in Nederland woonde en kinderen kreeg, kwam mijn moeder alleen op bezoek als het een jongen was.

Ze liet niet gemakkelijk merken dat ze van me hield. Maar één dag herinner ik me nog goed. Ze ging naar een bruiloft en wilde één kind meenemen. Ze koos mij. Ik mocht de hele dag naast haar zitten en alles eten en drinken wat ik wou. Het was geweldig om zo dicht bij haar te zijn.

Hoewel het in de winter steenkoud was in Reznef, vond ik dat de beste tijd van het jaar. Als er een dik pak sneeuw lag hoefden we soms dagen achtereen niet te werken en bouwden we grote sneeuwhuizen op de akkers.

Er viel veel neerslag in ons dorp waardoor het land vruchtbaar was en we altijd genoeg eten hadden. In het zuiden was dat anders. Als het daar weer eens een jaar te droog was geweest trokken de mensen naar de dorpen in het noorden om eten of werk te vinden. Meestal bleven ze niet lang, zoveel hadden wij ook niet. Ze kregen onderdak in de moskee en trokken na een paar weken weer verder, op weg naar een beter leven.

Toen ik klein was kon ik me niet voorstellen dat er ergens buiten ons gebied een ander, misschien wel beter leven bestond. De enige bijzondere plek waar ik van had gehoord was Nador, de stad. Mensen die daar geweest waren vertelden over rijen winkels en dieren met lichtgevende ogen, dat bleken later auto's te zijn.

Maar tot mijn twaalfde was ons dorp mijn wereld. De mooiste plek vond ik de sinaasappelboomgaard van mijn vader. Ik was gek op sinaasappels. Mijn vader had twee soorten bomen: die waar zure sinaasappels aan groeiden voor het gezin en die met zoete sinaasappels om te verkopen op de markt. Ik kon uren nadenken over hoe ik bij de zoete sinaasappels kon komen. Mijn vader hield ze streng in de gaten dus moest je proberen hem af te leiden om dan snel naar de zoete bomen rennen. Soms vroeg ik hem naar een koe te kijken waarvan ik zei dat ze er ziek uitzag, of ik riep dat ik een vreemd dier bij het vee had gezien. Dan rende hij naar de stal en ik naar de bomen.

Toen ik twaalf was ging ik voor het eerst naar de stad met een groep vrouwen uit ons dorp die familie gingen bezoeken. Het was ongelooflijk: al die lichtjes, de winkels, het verkeer. Wij hadden in het dorp maar één gaslamp en bij het zien van elektrisch licht begonnen een paar oudere vrouwen vreugdekreten te slaken.

Verder was er in Reznef één winkel waar ze vooral touw en olie verkochten. In Nador waren er rijen winkels naast elkaar die ook nog eens allemaal hetzelfde verkochten! Ik kon me niet voorstellen dat mensen zoveel spullen nodig hadden.

Maar het vreemdst van alles was het verkeer. Eén vrouw bedekte bij het zien van een auto haar hele gezicht met haar hoofddoek uit angst vervloekt te worden door die zwarte vrouw met die lichtgevende ogen die haar zo doordringend aanstaarde.

Een andere vrouw vroeg een verbaasde buschauffeur naar het geslacht van zijn bus.

'Want als het een man is,' zei ze geïrriteerd, 'dan hoort hij me niet zo aan te staren.'

Na dit eerste bezoek was Nador voor mij het symbool van overvloed en een goed leven.

De stad werd een dankbaar onderwerp van gesprek voor mij

en mijn vriendinnen. We begonnen te verlangen naar een leven dat minder hard en onzeker was dan het onze.

Niet veel later kwamen via de andere dorpen de eerste verhalen over werk in *lgarigh*, het buitenland. Het enige wat een man moest doen was naar de stad gaan om een paspoort te laten maken en een contract te tekenen. Dan kon hij meestal nog dezelfde week vertrekken.

Toen de eerste jongemannen ons dorp verlieten vonden we dat maar niks. Ze lieten hun vrouwen en kinderen achter en de eerste maanden kwam er geen teken van leven. Niemand wist of ze ooit terug zouden komen en zo ja, wanneer.

Maar toen kwamen de cadeaus en het geld: de achtergebleven vrouwen kregen langzaam maar zeker steeds meer toegestuurd en de kinderen van mannen in het buitenland droegen altijd mooie nieuwe kleren. Na een jaar was iedereen het erover eens: lgarigh was het paradijs.

Als een simpele boer uit het dorp daar fortuin kon maken, hadden die buitenlanders zelf vast en zeker enorme hoeveelheden geld en spullen.

De mannen kwamen in hun vakanties terug met verhalen over overvloed en luxe.

'Je kunt er alle soorten fruit kopen, het hele jaar door en op elke hoek van de straat.'

'Wie in Nederland aankomt,' zeiden ze, 'kan uitrusten van het leven. Je hoeft er geen hout te zoeken, geen vuur te maken, geen water te halen.'

'In Nederland kan een vrouw de hele dag thuis blijven zitten.'

Dat was voor ons het toppunt van luxe, dat je niet meer buitenshuis zou hoeven werken. In die tijd wilden we allemaal een man die ons de hele dag thuis zou houden. Waarom naar buiten gaan als je daar niets hoeft te doen?

Nog steeds droomden alle jonge meisjes van een huwelijk en veel kinderen, maar de dromen werden een beetje uitgebreider. De aanstaande bruidegom moest in het buitenland werken en ons meenemen naar dat paradijs.

Naarmate ik ouder werd, werden mijn taken zwaarder en mijn moeder strenger. Meestal begon ze 's avonds al te commanderen wat ik de volgende dag moest doen.

Het begon 's morgens heel vroeg. Als iedereen nog sliep moest ik opstaan om olijven te verzamelen. Als ik bij onze eigen olijfboom mijn emmer niet vol kreeg, betekende dat dat iemand me voor was geweest en moest ik snel naar de volgende boom. De meeste mensen hadden hun eigen bomen, maar iedereen plukte gewoon bij elkaar. Vroeg opstaan was dus heel belangrijk.

Als ik genoeg olijven bij elkaar had moest ik de koeienstal schoonmaken en de koeien te eten geven. Daarna maakte ik thee en ontbijt voor het hele gezin.

Na het ontbijt, dat bestond uit brood met olijfolie, verzamelde ik eten voor de koeien. Dat moest drie keer per dag gebeuren, twee keer 's ochtends en een keer 's middags. We deden dat altijd met een groepje meiden uit het dorp. Een van de meisjes was mijn beste vriendin, Mounya.

Met Mounya deelde ik alles en van iedereen was zij degene die ik het meest vertrouwde. Als ik met haar en mijn andere vriendinnen was vond ik het nooit erg om te werken.

Ik nam elke dag een vijg en een stukje brood mee. Soms stal ik boter om bij het brood op te eten, maar boter was erg schaars. We aten samen in de schaduw van een boom en hadden het altijd over trouwen. 'Wanneer gaan we nou trouwen?' vroegen we aan elkaar. We hadden allemaal beelden in ons hoofd over hoe het zou moeten zijn.

'Dan kan je hoge hakken aan en een tweedelige jurk. En als je ouders langskomen, kan je door het raam kijken en zeggen dat je eraan komt. En dan met je hakken tikkend naar de deur gaan om voor hen open te doen,' zei een vriendin.

'Ik zou dan meteen thee voor ze maken en laten zien dat ik een slimme huisvrouw ben en dan avondeten met hen en mijn man naast me,' zei een ander.

'Mijn man zal in Igarigh wonen en me overal naartoe rijden in zijn auto,' zei weer een ander.

Trouwen zou ons gelukkig maken, daar waren we van overtuigd en het was iets waar ik zolang ik me kan herinneren mee bezig ben geweest.

Al toen we heel jong waren maakten we bruidjes van maïskolven en oude lapjes. Als ze af waren nodigden we elkaar uit voor de bruiloft. Het probleem was alleen dat alle meisjes bruidjes maakten en niemand een bruidegom, dus werden er noodgedwongen huwelijken gesloten tussen twee bruidjes. We klapten en dansten en zorgden ervoor dat het heel levensecht was.

We hadden veel lol tijdens het werk, maar ik moest altijd met genoeg veevoer thuiskomen, anders werd mijn moeder boos.

Als mijn vriendinnen en ik niet genoeg vonden, gingen we stiekem naar een stuk grond van iemand anders om daar gras te stelen. Het kwam vaak voor dat we nog steeds niet genoeg hadden en dan stuurde ik iemand vooruit om te kijken of mijn moeder op de uitkijk stond. Als ze bezig was kon ik snel de stal in glippen en wat ik had gevonden aan de koeien geven. Dan kon ze niet meer controleren hoeveel het was. Maar als mijn mand vol was liet ik hem altijd een tijdje in haar blikveld staan. Ik wilde dat ze zou zien dat ik mijn best deed.

Als de zon op zijn hoogst stond moest ik hout zoeken om 's avonds vuur te maken. Soms lag er niets op de grond en klommen we in bomen om dode takken af te breken.

Op een dag waren een buurmeisje en ik in een boom geklommen vlak bij het erf van een oude man. We hadden net een paar takken afgebroken toen hij zwaaiend met zijn geweer naar buiten kwam. Hij schreeuwde dat de boom van hem was en dat we dieven waren. Elke keer als hij zijn geweer op mij richtte, riep ik dat het een idee was geweest van mijn buurmeisjes en als hij zijn geweer op haar richtte, riep zij dat het mijn schuld was. Uiteindelijk heeft hij ons laten gaan, ik ben nooit meer hout gaan halen bij die boom.

Na het hout zoeken moesten we water halen bij de bron. De weg er naartoe was leuk omdat we dansten en zongen met alle andere vrouwen. Maar zodra we bij de bron kwamen, ontstond er ruzie over wie eerst was. Als een vrouw haar water had gehaald moest de rest namelijk lang wachten tot de bron weer voldoende was bijgevuld. De ruzies duurden eindeloos, meestal kwam ik na zonsondergang thuis en altijd stond mijn moeder mij dan boos op te wachten bij de deur.

Er waren niet alleen ruzies bij de bron. De ongetrouwde meisjes in het dorp waren verdeeld in groepen die elkaar vaak niet konden luchten of zien. Soms ontstonden er grote conflicten die met de hand uitgevochten werden. Dan zei mijn groep bijvoorbeeld tegen een andere groep: 'Kom om tien uur naar het maïsveld, dan zien we daar wel wie gelijk heeft.'

Als we dan tegenover elkaar stonden schoven allebei de groepen hun sterkste meisje naar voren en die vochten het uit. Ik was niet dapper genoeg om te vechten, ik moedigde alleen maar aan.

Ook verzonnen we liedjes die we zongen als een meisje van een andere groep langsliep. Als haar vader bijvoorbeeld Ahmed heette zongen we: 'O, dochter van Ahmed, je bent overgebleven, niemand zal met je trouwen.'

Overblijven was iets verschrikkelijks. Als je nooit trouwde bleef je altijd bij je ouders wonen en had niemand respect voor je. Het betekende ook dat je zware taken buitenshuis zou moeten blijven doen, omdat je geen eigen huishouden had.

De angst om ongetrouwd over te blijven hield veel meisjes in de greep. 'Wie niet trouwt,' zeiden we tegen elkaar, 'staat het leven van een hond te wachten.'

Op mijn veertiende nam mijn moeder mij apart en zei: 'Als

de tijd komt dat je trouwt mag je ons niet te schande maken. Het is nu tijd om te leren koken en brood bakken.' Toen had ik er nog twee taken bij.

Om de week verzamelden we alle kleren in een groot laken en liepen ermee naar de rivier. We waren ongeveer een dag kwijt met het wassen en uithangen. Als we terugkwamen had ik zo'n honger dat ik wel een steen zou kunnen eten. Maar dan moesten we van mijn moeder eerst nog de kleintjes wassen. We wasten ze met OMO of, als er geen OMO was, met stinkzeep die je dagen later nog in hun haren rook.

De oudere meisjes en vrouwen wasten zich één keer per maand, van menstruatie tot menstruatie. Als we gewassen thuis kwamen van de rivierbedding zei mijn vader altijd dat we zeker wilden trouwen, zo schoon als we waren.

Mijn vader hield van vieze kleren. Het kostte altijd veel moeite om zijn vieze overhemden van hem af te pakken om ze te wassen. Hij had het liefst dat wij ook vieze kleren droegen, om geen aandacht van mannen te trekken.

Als we maar een beetje ons best deden er leuk uit te zien begon hij over trouwen, dus met hem in de buurt probeerden mijn zussen en ik niet op te vallen. Maar zodra hij weg was lieten we een stukje van ons haar zien. Het was toen heel erg in om je haar met een strakke scheiding in het midden te dragen en om die te kunnen laten zien trokken we onze hoofddoek iets naar achter.

Als er een feest op komst was vroegen we mijn vader om iets nieuws voor ons te kopen op de markt. Meestal kwam hij met lelijke dingen terug, hij had niet zo'n goede smaak. Hij kocht bijvoorbeeld zwarte stof en maakte daar dan een pak van voor mij, terwijl alleen mannen zwart droegen. Ik ben twee weken lang uitgelachen door mijn vriendinnen omdat ik in een mannenpak rondliep. Toen ik het waste was het probleem opgelost; het water werd zwart en het pak had geen kleur meer.

Een andere keer beloofde hij een jurk voor mij te maken voor een feest. Toen het feest kwam was de jurk pas half af. De linkerkant hing helemaal open. Volgens mijn vader was het geen probleem en kon ik hem gewoon zo aan doen. Ik moest het hele feest stil staan, als ik had bewogen had iedereen het enorme gat gezien.

Mijn vader lette erg op zijn geld. Hij bleef altijd eindeloos op de markt, omdat hij wilde wachten tot het laatste moment; dan werd alles goedkoper.

Als we 's avonds paardenhoeven hoorden, wisten we dat hij er eindelijk aankwam en renden we zo snel mogelijk naar hem toe. We hadden dan de hele dag nog niet gegeten en moesten het eten wat hij meebracht nog klaarmaken.

De oudste dochters kookten en na de maaltijd moest de kamer worden klaargemaakt voor de nacht.

Elke avond legden we een rij schapenvachten van het begin van de kamer tot het eind. Daar sliepen we op, onder een deken die veel te kort was voor zoveel mensen. De hele nacht lag iedereen te klagen: 'Je hebt de deken van me weggetrokken', 'Kom hier met die deken', dat soort dingen.

Degene die aan de buitenkant van de rij sliep, kreeg een maalwerktuig naast zich zodat hij niet van zijn plaats rolde. Niemand wilde aan de kant slapen, een plek in het midden was warm en gezellig. Als we allemaal in de rij lagen begonnen we met verhalen vertellen tot we in slaap vielen.

Pas als iemand ging trouwen ging hij of zij de kamer uit.

Ik kon het met al mijn broers en zussen goed vinden, behalve met Shayeb, de broer die na mij werd geboren. Om de kleinste dingen hadden we ruzie.

Toen mijn oudste zus eenmaal getrouwd was gingen mijn ouders wel eens weken achtereen bij haar op bezoek. Dan hadden wij alle kans om ruzie te maken.

Ik weet nog dat ik een keer na ons zoveelste meningsverschil tegen hem zei: 'Dus je wilt vechten?' 'Ja,' zei hij.

'Goed,' zei ik weer, 'dat wil ik ook, maar laten we eerst de spullen aan de kant zetten zodat we niets kapotmaken.'

Dus begonnen we met het verplaatsen van de tafel en de kast en de kleden. Toen we eindelijk alles aan kant hadden, hadden we geen energie meer over om te vechten.

We kregen nooit geld van onze ouders, maar wie braaf was kreeg een suikerklontje. Er was niets lekkerder dan dat. Als ik een suikerklontje kreeg wilde ik niet dat het meteen op was, dus likte ik eraan en stopte het weer weg voor de volgende keer.

We probeerden wel eens van de suikervoorraad te snoepen, maar dat was bijna onmogelijk zonder sporen achter te laten.

Er ontging mijn moeder niets en bij het zien van een suikerkorrel ergens in huis werd ze woedend.

Als mijn moeder boos werd was iedereen bang voor haar. Ze was een dominante vrouw en hoe ouder ze werd, hoe meer ze haar eigen gang ging. 's Ochtends heel vroeg, als de taken verdeeld waren, verliet ze het huis met de woorden 'Ik ben weg!'. Dan ging ze ergens zitten en kwam pas aan het eind van de dag terug om te controleren of alles goed was gedaan.

Zo ging dat vaak als de dochters in de puberteit kwamen. Wie niet keihard leerde werken zou later geen eigen huishouden kunnen leiden en kwam minder gemakkelijk aan een man. Doordat de moeders steeds meer werk aan hun dochters overlieten, leerden zij heel snel wat ze als volwassen vrouw moesten kunnen en weten.

Maar de moeders bleven de spil van het huishouden. Zij hadden als enige een volledig overzicht over wat er moest gebeuren en zij hielden de boel draaiende.

Als we klaagden over het harde werken zei mijn moeder: 'Zeur niet, toen ik zo oud was als jij werkte ik harder en had ik bovendien al twee kinderen op mijn rug.' En als een van ons iets niet goed gedaan had, hield ze altijd dezelfde preek: 'Je zult alleen blijven. Wie wil er nou met jou trouwen? Als je leeftijdsgenoten allemaal getrouwd zijn blijf ik met jou opgezadeld zitten.'

Ons tot sterke huisvrouwen opvoeden en uithuwelijken aan een goede man zag ze als haar voornaamste taak.

Mijn vader was daarin juist heel gemakkelijk. Als ze weer

eens tegen ons tekeerging, riep hij: 'Laat mijn dochters met rust. Nu ze groot zijn treiter je ze alleen nog maar.'

Tegen ons zei hij dat we maar bij hem moesten komen zitten. En dan vluchtten we naar hem toe. Als mijn moeder ons 's avonds vroeg naar bed wilde hebben omdat we de volgende dag zoveel moesten doen, vroeg hij ons altijd nog even te blijven zitten. Zo streng als mijn moeder was, zo rustig was mijn vader. Toch leken ze wel gelukkig samen.

Ze waren altijd bij elkaar. Als ze rustten, rustten ze samen, als ze ergens heen gingen, gingen ze samen. Ze zaten vaak met z'n tweeën op het dak te kletsen. Dan klonk het zo gezellig dat het leek alsof er tien mensen op het dak zaten. Ze hadden bijna nooit ruzie. Als mijn moeder aan mijn vaders hoofd zeurde, zei hij: 'Laat me met rust of je krijgt het briefje.' Daarmee bedoelde hij een scheiding. En dan antwoordde zij: 'Ach, wie wil er nou met zo'n viezerik trouwen, je mag blij zijn dat je mij hebt.'

Ze waren jong getrouwd en kenden elkaar al hun hele leven omdat ze in hetzelfde dorp waren opgegroeid. Hun huwelijk werd, net als het mijne, gearrangeerd. In hun geval door mijn vaders gekke moeder.

Toen mijn vader de huwelijksleeftijd bereikte ging zijn moeder naar mijn moeders familie omdat ze wist dat zij een huwbare dochter hadden. Binnen een week waren mijn ouders verloofd en de week daarop was de bruiloft.

Ik was negentien of twintig toen een oude vrouw naar ons dorp kwam op zoek naar een bruid voor haar kleinzoon. Toen ze mij zag, vroeg ze me bij haar te komen zitten en ik wist meteen wat ze wilde.

'Mijn kleinzoon heet Mohammed,' zei ze, 'het is een goede jongen, je zult zien dat hij als honing is.'

Ik had geen idee wat ik moest zeggen of doen. De vrouw ging naar mijn ouders en vroeg hun of ze instemden met een huwelijk tussen Mohammed en mij.

Ze wilden eerst met mij overleggen, zeiden ze, maar ze beloofden haar zo snel mogelijk antwoord te geven.

De volgende morgen kwamen ze naar me toe: 'Fatima, je weet dat het nu tijd is.'

Ik wist dat ik hier al die jaren op had gewacht, maar ik was ook bang. Ik had geen idee wie Mohammed was en kende zijn familie niet.

Mijn vader beloofde me wat rond te vragen op de markt. Toen hij terugkwam wist hij het zeker. Het was een goede familie en ik zou gaan trouwen. Nee zeggen had geen zin, ik had mijn vader al tegen mijn moeder horen zeggen dat het echt de hoogste tijd was en dat, als ik niet wilde, ik maar moest zien waar ik heen zou gaan.

Het moest gebeuren en een deel van mij verlangde er ook naar. Ik zou nu alles krijgen wat ik altijd had willen hebben en bovendien had ik al gehoord dat de vader van Mohammed in het buitenland werkte en dat er een kans was dat hij zijn zoon daarheen zou halen. En mij, als ik zijn vrouw werd.

Iedereen wilde weg uit het dorp. Met hem trouwen betekende dat ik een kans maakte op een leven in overvloed. Ik zou mijn familie moeten verlaten, nooit meer in een lange rij van broers en zussen slapen en mijn vriendinnen niet meer zien. Ik zou Mounya moeten missen. Maar ik moest toch vroeg of laat afscheid van hen nemen. Voor vriendinnen was geen plaats meer als je eenmaal getrouwd was. Er was in die tijd geen telefoon, we konden elkaar niet schrijven en het enige contact dat getrouwde vriendinnen hadden waren de groeten die ze over en weer deden als de een wist dat iemand in de buurt van de ander zou komen. Trouwen is opnieuw beginnen.

Die nacht lag ik wakker. Ik voelde alles door elkaar. Ik was bang. Ik was opgetogen. Ik wilde op het lot vertrouwen. 's Ochtends stemde ik toe.

Warda (1981)

Mijn moeder kreeg waar ze als meisje van droomde: een stabiel huwelijk, een oversteek naar Nederland en negen gezonde kinderen.

Terwijl mijn vader elke dag naar zijn werk vertrekt, zorgt zij voor het huishouden. Ze is nu begin vijftig en als ik van college thuiskom, tref ik haar regelmatig aan de grote tafel aan met haar bril op en haar huiswerk voor zich. Soms roept ze mij bij zich als ze iets niet snapt. 'Waarom krijgt het ene woord "de" ervoor en het andere "het"? En hoe weet ik welke ik moet kiezen?' Ik heb niet het geduld om dat uit te leggen en mijn Berbers is ook niet goed genoeg. Hoe zeg je in godsnaam lidwoord in het Berbers? In Marokko lachen ze ons altijd uit om ons gebrekkige Berbers. En niet alleen daarom, we worden door de dorpsmeisjes daar 'slappe stadskippen' genoemd. Omdat we geen vijftien broden kunnen bakken in één ochtend of kunnen koken voor de hele familie. Tja, zij hebben dan ook nooit gehoord van zelfrijzend bakmeel. Mijn moeder vindt het erg dat we niet huishoudelijk begaafd zijn en ik merk dat ze onzeker is over mijn toekomst als echtgenote en moeder. Of ik het wel zal redden in een huwelijk. Maar ik leg haar uit dat mijn leven heel anders is dan dat van mijn nichten in Marokko. Dat ik veel liever mijn best op school doe om daarna een leuke baan te vinden. En dat ik in mijn vrije tijd boeken wil lezen, geen broden bakken. Ze heeft zich erbij neergelegd op voorwaarde dat ik een paar Marokkaanse gerechten leer maken.

Vroeger, als we naar Marokko gingen, bleven we acht weken lang in het dorp. Toen vond ik dat leuk, want we mochten met alles meedoen. Als ze water nodig hadden nam ik samen met mijn nichtje het paard en dan gingen we naar de rivierbedding. Of we hielpen mee op het land. Nu gaan we maar een paar dagen per vakantie in de bergen langs, dat is maar beter ook want gezellig is het er niet meer. Afgelopen zomer zijn de meesten van mijn broers en zussen helemaal niet gegaan. Ze vervelen zich daar en hebben niet veel meer gemeen met onze familie. Mijn moeder vindt het ook fijner om in de stad te blijven, waar haar broers en zussen nu ook wonen. De vakantie bestaat uit familie bezoeken, familie ontvangen, koken en praten, het liefst over anderen. 'Het is geen vakantie, het is oorlog,' zegt ze altijd als er weer een twintigtal familieleden op de stoep staan. Ze is blij dat mijn vader destijds naar Nederland is gegaan. Volgens haar is het leven in Marokko te zwaar voor ons.

'We zijn er niet meer aan gewend,' zegt ze. Dat denk ik ook. Er is sinds haar jeugd bijna niets veranderd! Nog steeds geen stromend water, geen elektriciteit, slechte wegen en nauwelijks onderwijs.

Geen van ons wil ooit terug. En de mensen die er wonen willen weg. Een van de makkelijkste manieren om ook naar Igarigh te komen is een dochter of zoon 'van Nederland' te trouwen, zoals dat heet. De broer van mijn vader leurt al jaren bij ons met zijn kinderen. Maar ik moet er niet aan denken. Mijn neef is zo anders dan ik, we zouden absoluut niet bij elkaar passen. Gelukkig staat mijn moeder op dat punt achter ons. Zij is bang dat wij gebruikt zullen worden om een paspoort te krijgen en dan in de steek gelaten zullen worden. We mogen zelf kiezen met wie we trouwen zolang hij Marokkaans, islamitisch en Berbers is, in die volgorde. Met dat laatste ben ik het niet eens. We zijn niet meer in het dorp waar je alleen Berbers vindt. We leven nu in Nederland waar iedereen door elkaar leeft. Ze vindt het de hoogste tijd voor mij, vijfentwintig is oud genoeg. Ze snapt niet waarom ik nog steeds niet wil trouwen: 'Meisjes van tegenwoordig willen weten wat er in het hart van de man speelt voor ze met hem trouwen. Je kan het wel proberen, maar het heeft geen zin; niemand kent het hart.' Maar ze kan niet van mij verwachten dat ik tegen de eerste de beste Marokkaan ja zeg. Je moet elkaar toch leren kennen voordat je een verbintenis met iemand aangaat? Zij vindt dat ik met hetzelfde vertrouwen het huwelijk in moet gaan als zij heeft gedaan. Dat is een van de punten waar we het nooit over eens zullen zijn.

Mijn moeder houdt ervan om mensen om zich heen te hebben en hen te entertainen. Praten is haar favoriete bezigheid. Ik denk dat ik wat dat betreft op haar lijk. Ik ben ook liever niet alleen. Als ik wat eerder thuiskom dan de anderen, krijg ik zeven keer te horen wat ze die dag heeft meegemaakt. Want elke keer als een van haar zoons of dochters de kamer binnenkomt, begint ze het verhaal opnieuw. En als mijn vader 's avonds thuiskomt vertelt ze het weer, van begin tot eind. Hij luistert altijd geduldig en stelt zelfs vragen die haar aanmoedigen om nog verder uit te weiden over wat haar vandaag toch is overkomen in de supermarkt. Ik vind het vooral leuk als ze praat over haar jeugd en haar beginjaren in Nederland. Haar wereld toen was zo anders. Zo anders dan de mijne. Wanneer ze over vroeger praat, valt het mij altijd op dat ze zichzelf vooral ziet als onderdeel van een groep. Ze zegt altijd: 'Wij voelden ons...' of 'Wij dachten...'

Ik merk dat ik mezelf ook als onderdeel van een groep zie, ik en mijn zussen. De Nederlandse, individualistische maatschappij heeft me op dat punt kennelijk niet veranderd.

Ze vertelde ons dat ze wegging uit Marokko om in een paradijs te gaan wonen. Daar was ze van overtuigd. Toen ze in het vliegtuig vlak over Nederland vloog en al die lichtjes zag dacht ze: nu ga ik naar de hemel. Toch was ze bang tijdens de reis. Het vliegtuig maakte zoveel lawaai dat ze over haar hele lichaam beefde. Nu weet ze niet meer of dat de angst was of opwinding.

In die beginperiode heeft ze veel blunders gemaakt. Bijvoorbeeld die keer dat ze voor het eerst in de bus zat naast mijn vader. Toen de bus een tunnel inging, bukte ze. Ik zie het helemaal voor me, hoe ze daar als enige gebukt zat. En die keer dat ze ging winkelen met mijn vader. In een dameszaak had ze alle rekken bekeken, zonder resultaat. Ze wilde net weggaan toen ze naast zich keek en nog een ruimte dacht te zien. Het is dat ze op tijd haar eigen *jellaba* herkende, anders was ze zo tegen de spiegel aan gelopen. Elke keer als ze dat verhaal vertelt aan ons moet ik erom lachen. Het doet me denken aan de film *Coming to America*.

Ik kan me voorstellen dat het tijd kostte om aan Nederland te wennen. Ze sprak geen woord Nederlands en had geen idee hoe alles werkte. Mijn vader deed alle dingen die buitenshuis moesten gebeuren, ook de boodschappen, waardoor zij geen reden had om de deur uit te gaan. Behalve als ze op bezoek gingen bij familie, buren of kennissen. Zomaar naar buiten gaan deden Marokkaanse vrouwen in die tijd niet, want iedereen lette op elkaar en niemand wilde het onderwerp van de laatste roddel worden. Ze spraken erover alsof het een schande was: 'Kijk, daar heb je de vrouw van Mohammed, zomaar op straat!'

Op een dag had ze mijn vader overgehaald om haar toch een keer mee te nemen naar de stad. 'We gaan 's avonds,' zei ze, 'dan ziet niemand ons.' Maar al na een paar passen richting de tram kwamen ze de buurman tegen en de dag erna wist iedereen ervan. Mijn vader was not amused. Waarschijnlijk wilden ze hun dorpse levens en gewoontes in Nederland gewoon voortzetten. Maar zoals de tijd ons heeft bewezen is dat onmogelijk. Gelukkig maar, want zulke gedachten zie ik graag uitsterven.

De Marokkaanse gemeenschap is met haar tijd meegegaan. Mijn moeder loopt nu elke dag dezelfde route: ze brengt haar twee jongste kinderen naar school, gaat vervolgens naar haar eigen club waar ze Nederlandse lessen volgt en op de terugweg loopt ze even langs de supermarkt en haalt daarna haar kinderen weer op. Geen haan die daar naar kraait. Toen ze hier net was deed ze alles wat mijn vader zei. Omdat zij vroeger heeft geleerd dat je je man altijd tevreden moest houden. Je moest voorzichtig met hem omgaan. Dus bleef ze binnen. Dat vond ze een tijdlang ook niet erg. Maar op een gegeven moment had ze daar genoeg van en kwam ze in opstand. Ze zei: 'Ik wil naar buiten als ik daar zin in heb. Alleen een koe blijft binnen.'

Ik ben trots op haar, dat ze deed wat zij wilde. En ze weet van mij dat ik ook niet zo'n ouderwetse houding heb tegenover mannen. Hoewel zij van mij vindt dat ik soms te ver ga. Een beetje gehoorzamen is wel goed, zegt ze. Misschien heeft ze wel gelijk.

Ondanks al dat geroddel mist ze de beginperiode in Nederland wel. Toen stond iedereen voor elkaar klaar. Deuren stonden altijd open, je hoefde niet te bellen dat je eraan kwam of een afspraak te maken. Nu vindt ze dat iedereen het druk heeft en dat niemand naar elkaar luistert. Ook de houding van de Nederlanders tegenover Marokkanen was vroeger beter. Ze zegt: 'We waren nieuw hier, ze vonden ons leuk en er was altijd werk. Nu hebben ze misschien wel genoeg van ons.'

Ik leg haar uit dat we zo werden behandeld omdat ze ons zagen als gasten. Dan krijg je altijd een betere behandeling. Maar nu zijn we hun huisgenoten geworden en als huisgenoten de afwas niet doen kun je makkelijk boos op hen worden.

Mijn moeder heeft niet zoveel contact met Nederlanders. Vroeger hadden we wel Nederlandse buren maar zo langzamerhand trekken ze allemaal uit de buurt weg. Een van die buren was Gilbert, een aardige jongen met wie we de tuin deelden. Als ze Marokkaans brood had gebakken riep ze zijn naam vanaf de tuindeur: 'Djoebèr!' Als hij in zijn keukendeur verscheen zei ze hallo en gaf hem een stuk warm brood. Na zijn dankwoord echter wist ze niets meer te zeggen en liep dan glimlachend terug. Ondanks haar beperkte kennis van de Nederlandse taal wil ze toch af en toe een praatje maken. Ze heeft zo haar gekke tactieken om met Nederlanders in contact te komen: ze botst dan bijvoorbeeld met haar karretje tegen iemand aan in de supermarkt. Dan zegt ze: 'Sorry mevrouw,' en maakt een praatje. Of ze laat iemand bij de kassa voorgaan: 'Als ze haast hebben zeg ik "ga maar", dat vinden ze leuk, dan heb je contact.'

Laatst hoorde ik haar verzuchten dat ze misschien moet stoppen met Nederlandse les. Omdat het haar kennelijk toch niet lukt om het onder de knie te krijgen. Ik schrok ervan: geeft mijn moeder het na al die jaren op? Of wordt ze gewoon oud?

YASMINE (1958)

*Werken, geld verdienen en mijn eigen leven opbouwen:
daar kwam ik voor.*

Als mensen mijn verhaal lezen wil ik dat ze het in de context van die tijd plaatsen. Ik ben bang dat ze anders aan de hand van mijn verhaal gaan generaliseren. We leven misschien niet als Nederlanders, maar er is veel vooruitgang in de Marokkaanse gemeenschap. Dingen die voor mij vroeger normaal waren kunnen mijn dochters al niet begrijpen. Dit is een andere tijd dan de mijne, met andere problemen.

Ik leerde Nederland kennen uit alle positieve verhalen die in Marokko rondgingen. Het land was mooi, hoorde ik, de mensen vriendelijk en, het belangrijkste, werk lag er voor het oprapen. Er werd gezegd dat je overal kon worden aangenomen zonder een woord Nederlands te spreken.

Nadat ik in Casablanca was gezakt voor het examen van mijn secretaresseopleiding, besloot ik mijn geluk te beproeven in dat land waar voor iedereen werk was. Ik was toen eenentwintig en wilde meer zien dan Marokko. Ik zou geld verdienen, nam ik me voor, en een eigen leven opbouwen.

De dag van mijn vertrek was zwaarder dan ik had verwacht.

Het was mijn eigen keuze om te gaan, maar dat maakte het niet minder moeilijk. Ik vertrok samen met mijn broer, die al in Nederland woonde en in Marokko was voor vakantie. Ik laadde mijn spullen in de auto en nam afscheid.

Al bij het wegrijden had ik zoveel heimwee dat ik geen hap door mijn keel kreeg. Het was ramadan, maar hij at, als je op reis bent is dat toegestaan. Ik sloeg al het eten af. 'Ik blijf wel vasten,' zei ik. Onderweg zag ik het land aan me voorbijgaan en kon ik alleen maar huilen.

Na een lange autoreis kwamen we aan bij mijn oma en stiefopa, die met het gezin van mijn oom, de oudste broer van mijn moeder, in Haarlem woonden. De familie van mijn moeder komt van het platteland in Marokko en hun opvattingen waren een stuk ouderwetser dan ik in de grote stad gewend was. De eerste dagen waren ze vriendelijk, maar al snel veranderde de sfeer. Ze namen mijn ambities totaal niet serieus en van het Nederland dat ik in mijn hoofd had zag ik niets terug. Elke ochtend moest ik hun kinderen naar school brengen, boodschappen doen en het huis schoonmaken. Wat ik allemaal voor hen deed, hoefde ik in Marokko niet eens voor mijn moeder te doen. Schrobben, koken, afwassen, opruimen, soms moest ik van mijn tante midden in de nacht de was gaan doen. Ik kwam alleen buiten om boodschappen te doen en de kinderen naar school te brengen. Ik kreeg er niets voor terug. In de winter moest ik zeuren om het geld voor een maillot, met moeite gaven ze me dan vijftig cent. Een vriend van mijn oom kwam wel eens op bezoek met zijn gezin, hij had kinderen van mijn leeftijd en soms stopten die me geld toe. Behalve dat had ik niets, geen cent.

Na vier maanden hield ik het niet meer vol. Ik begon stiekem naar Marokko te bellen als mijn oom en tante 's morgens de deur uit gingen voor hun werk. Ik zei mijn moeder dat ik slecht behandeld werd, dat ik terug wilde, maar zij zei mij steeds geduld te hebben. Alles zou snel beter worden. Als ze haar broer aan de telefoon had, vertelde hij dat het goed met mij ging en dat hij werk voor me aan het zoeken was. Hij stelde haar gerust en zij geloofde hem.

Ondertussen bleef ik opgesloten. Ik ben vrij opgevoed; in Casablanca mocht ik naar de film met vrienden, de stad in, naar het strand. Van een meisje met een eigen leven was ik plotseling een sloof geworden en niemand van de familie kwam voor mij op. Mijn broer had het ook niet gemakkelijk. Hij had werk, maar de helft van wat hij verdiende werd ingehouden door mijn oom, zogenaamd voor kost en inwoning. De rest van het geld stuurde hij naar mijn moeder. Aan het eind van de maand was er niets over. Maar hij had tenminste werk en iets om de deur voor uit te gaan.

Toch bleef ik. Het was de angst die ervoor zorgde dat ik niet wegging. Ik ben opgevoed met het idee dat je bang moet zijn voor de wereld. Dat is de Marokkaanse manier om te voorkomen dat meisjes alleen de straat op gaan. Ook in Casablanca moest er altijd iemand mee, in je eentje op stap gaan deed je niet, er kon van alles met je gebeuren. Er werd gezegd dat er overal mannen rondliepen die je mee wilden nemen. Ik zat zonder geld in een land waar ik de taal niet sprak, mijn oom en tante hadden mijn paspoort en ik had geen idee wat er van mij terecht zou komen als ik zomaar de deur uitstapte. Ik kende de Nederlandse wetten en regels niet en ik had er geen vertrouwen in dat het goed zou komen of dat ik het alleen zou redden. Bovendien zeiden mijn oom en tante steeds dat ze snel werk voor me zouden zoeken, en ik wilde dat geloven. Op die manier hielden ze me stil. Nederlanders zag ik niet en al had ik ze gezien, ik kon geen woord met hen wisselen. Als ik mijn tante naar de betekenis van een woord vroeg, zei ze: 'Dat hoef je niet te weten, wat moet jij nou met die taal?'

Ik wilde zo graag het huis uit, de taal leren en werken. Elke dag dat ze me binnenhielden voelde als gevangenisstraf.

Toen mijn oom me vertelde dat hij een man voor me had gevonden, hoefde ik niet lang na te denken. Dit is mijn uitweg, dacht ik. Ik zei meteen ja. We hadden eerst een periode om elkaar te leren kennen, te kijken of het klikte. Heel eerlijk, ik was niet meteen weg van Khalid. Behalve dat hij niet echt mijn type was, dacht ik dat hij misschien ouderwets zou zijn vanwege zijn Berberse achtergrond. Maar hij wilde me helpen met werk zoeken en, zoals ik al zei, ik moest weg bij mijn oom. Ik hield het niet meer uit en deze man betekende een mogelijkheid om mijn eigen leven te gaan leiden.

Ik kom uit een groot gezin in Casablanca. Ik heb nog een zus en een broer boven mij. Mijn moeder dacht nadat ik was geboren dat ze om en om een jongen en een meisje zou krijgen. Maar dat gebeurde niet. Ze wilde per se nog een jongen krijgen, maar na vijf mislukte pogingen hield ze het voor gezien. Zo had ze één zoon en zes dochters.

Op mijn tweede werd ik naar een zus van mijn vader gebracht die geen kinderen had. Zij wilde graag een kind in huis en had het veel breder dan bij mijn ouders. Zij zou mij verder opvoeden. Het was twintig minuten lopen van mijn ouderlijk huis en als ik wilde spelen, ging ik naar mijn zussen en broer, soms sliep ik daar ook. Als ik alleen wilde zijn, bleef ik bij mijn tante.

Rond mijn zevende begreep ik pas hoe de situatie in elkaar zat. Wie mijn ouders waren en waarom ik bij mijn tante woonde. Dat was even wennen, want ik hield meer van mijn rustige tante dan van mijn moeder, die altijd onvoorspelbaar was. Pas later is dat omgedraaid en alleen omdat ik leerde dat je moeder nu eenmaal de belangrijkste persoon in je leven is.

Het was normaal in die tijd om kinderen 'uit te lenen' aan kinderloze familieleden. Mijn moeder had hetzelfde meegemaakt. Toen haar vader stierf en mijn oma hertrouwde, werd ze aan een oom en tante gegeven die zelf geen kinderen hadden. Daar woonde ze van haar tiende tot het moment dat ze met mijn vader trouwde. Het gezin van mijn moeder kwam oorspronkelijk van het platteland en is later verhuisd naar een sloppenwijk in Casablanca. Ze heeft een zware jeugd gehad, mijn oma was ontzettend streng. Als oudste dochter moest ze voor de kleintjes zorgen en bij mijn oom werd ze gebruikt als hulpje. Dat heeft haar hard gemaakt, maar ook zelfstandig.

Mijn moeder was een van de weinige vrouwen in onze buurt die werkte. In het begin deed ze dat thuis. Ze pakte kruiden in voor een fabriek. Wij hielpen haar mee. Elke dag werden de ingepakte kruiden opgehaald en werden nieuwe gebracht. Na de kruiden ging ze over op knopen. Zakken vol knopen stonden elke dag voor de deur, klaar om gesorteerd te worden. Dat vond ik leuk werk, ik hielp haar graag.

Op een gegeven moment ging ze buitenshuis werken. Er werd over gekletst in de buurt, maar daar trok mijn moeder zich niets van aan. Ze wilde geld sparen, voor de kinderen en om later een huis van te kopen. Ze voelde zich ook beter als ze werkte, mijn moeder is een vrouw die stevig in haar schoenen staat en die graag voor zichzelf zorgt. Mijn vader heeft het nooit erg gevonden dat ze werkte. Hij was modern en heel zachtaardig. Elke dag op weg van zijn werk naar huis kocht hij iets lekkers voor zijn kinderen. Als hij thuis kwam mochten we in de zakken van zijn jas graaien, er zat altijd iets in. Mijn vader had nooit kritiek, vond nooit iets erg. Misschien dat mijn moeder daarom zo streng was; iemand moest de touwtjes in handen hebben.

Als kind was ik vaak bang voor haar. Ze was streng. Als iets haar niet beviel, deelde ze klappen uit. Ze sloeg ons om de kleinste dingen, met slippers, een stok of het snoer van het strijkijzer, dat ze altijd klaar had liggen. Als het kon, renden we naar mijn vader, die dan tegen haar zei dat ze ons met rust moest laten. Ik kan me nog een keer herinneren dat ik van mijn moeder opdracht kreeg de keukenkast schoon te maken. Terwijl ik bezig was kroop mijn jongste zusje onder tafel en net toen ik de inhoud van de kast op de tafel had gezet kwam ze omhoog en kieperde alles om. Ik heb heel snel de kapotte borden en kommen in de kast teruggezet en ben het huis uitgerend. Ik kon niet naar mijn tante want het was al bijna avond en ik durfde de wandeling niet in het donker te maken. Op een veilige afstand van het huis heb ik op mijn vader gewacht, meer dan een uur. Toen hij eindelijk thuiskwam van zijn werk liep ik achter hem aan het huis in en bleef de hele avond bij hem in de buurt. Mijn moeder hield zich in, ze wilde hem niet boos maken. De volgende ochtend glipte ik, voordat mijn vader naar zijn werk was, snel het huis uit. Het was een van de weinige keren dat ik mijn straf ontliep.

Soms, als we iets deden waarvan we wisten dat het mijn moeder boos zou maken, liepen we naar het bedrijf waar mijn vader werkte en wachtten daar tot we met hem mee naar huis konden lopen. Alleen dan wisten we dat de kust veilig was.

Mijn tante was heel anders dan mijn moeder. In haar grote huis voelde ik me een prinses, er was genoeg ruimte en aandacht voor mij en er stond een paard in de tuin. Maar het was wel stil en 's avonds was ik vaak bang. Als ik van de badkamer naar mijn kamer liep moest ik langs een grote spiegel. Steeds als ik daar voorbij kwam zag ik uit mijn ooghoek een heks boven mijn hoofd. Het was mijn enorme bos krullen die alle kanten op stond. Op een gegeven moment werd ik er zo bang van dat ik langs de spiegel kroop. Ik had wel een vriendin in huis: de jongste zus van mijn vader woonde er ook. Ze was verwend en

Yasmine met vriendinnen in Casablanca

had nooit willen trouwen. Hoe ouder ze werd, hoe meer ze zich als een kind ging gedragen. Als ze op een kinderpartijtje geen cadeautje kreeg werd ze boos. Iedereen vond haar een beetje gek. 'Zo gaat dat met ongetrouwde vrouwen,' werd er gezegd.

Maar ik kon het heel goed met haar vinden, we lachten en kletsten, ze was meer een zusje voor me dan een tante. Ik heb nooit gemerkt dat mijn zussen en broer jaloers op mij waren omdat ik in het grote huis mocht wonen. Ze kwamen vaak naar mijn tante toe om te spelen en ze waren welkom, mijn tante was heel gastvrij.

Toen ik een paar jaar bij haar woonde adopteerde ze een jongetje, vier jaar jonger dan ik. We sliepen samen op een kamer en wilden allebei dat mijn tante onze hand vasthield als we in slaap vielen. Zij zat dan in het midden.

Mijn adoptiebroertje is tot zijn huwelijk bij hen blijven wonen en we hebben nog steeds goed contact, het voelt als echte familie.

Ik deed veel met mijn drie oudere zussen. We gingen samen naar het strand, naar de film, de stad in, dat was altijd gezellig.

Yasmine met vriendinnen op het strand in Marokko, 1974

Het leukste vond ik het om mee te gaan met mijn oudste zus, die al een vriend had. Ik was dan haar dekmantel en ging met hen mee naar het park, praten en eten. Die jongen verwende me heel erg zodat ik niets aan mijn moeder zou vertellen. Later, toen ik zelf een vriend had, nam ik mijn jongere zusje mee.

Die relaties stelden niet zoveel voor. Je liep wat samen rond, je praatte, maar echt intiem werd het nooit en bij mij verdween de verliefdheid altijd snel.

Vaak werden er feestjes georganiseerd door vrienden. Daar kwam iedereen met zijn vriendje of vriendinnetje heen en we namen koekjes en drinken mee. Het was altijd stiekem, want geen van de ouders vond het goed.

Pas na mijn twintigste werd ik echt verliefd. Op zoek naar penvrienden had ik een advertentie in de krant gezet. Dat deden meer mensen toen, gewoon om nieuwe vrienden te maken.

Yasmine voor vertrek naar Nederland

Ik kreeg heel veel reacties, van jongens en meisjes. Met een paar bleef ik schrijven en een van hen was Hoessein, een jongen uit een andere stad. Na wat brieven heen en weer vroeg hij of hij me een keer mocht komen opzoeken in Casablanca. Hij kwam langs met zijn zus, dat was heel leuk. Daarna ben ik in de vakantie met mijn broer bij hem en zijn familie geweest. We werden gastvrij ontvangen, het waren beschaafde mensen. Ik was nooit met hem alleen, dat durfde ik niet, maar hij was erg serieus en hij wilde echt met mij trouwen. Ik voelde veel voor hem en toen ik naar Nederland ging miste ik hem vreselijk.

Maar contact houden was moeilijk, hij kon de brieven niet naar Nederland sturen, want mijn oma wilde niet dat ik contact met hem hield. Via mijn zusje kreeg ik af en toe een boodschap van hem, maar het was te weinig om echt iets op te bouwen.

Ik zat hier in mijn eigen ellende en toen kwam die andere man, die mij uit mijn troosteloze situatie kon halen. Ik koos voor hem en liet het contact met Hoessein voor wat het was, het had toch geen zin.

Na mijn verloving met Khalid vond hij een baan in Haarlem en kwam hij een tijdje inwonen bij mijn oom en tante. Hij betaalde hen daarvoor veel te veel geld en het irriteerde mij dat ze ook hem onder de duim hadden. Zij bepaalden wat hij mocht eten en verstopten soms dingen uit de koelkast zodat hij het niet op kon maken, terwijl hij ervoor betaald had.

In het weekend gingen we samen op stap. Op bezoek bij kennissen van hem of naar de stad. Maar nog steeds voelde ik me niet vrij. Mijn oom bepaalde hoe laat ik thuis moest zijn en hield alles in de gaten. Ik wilde zo graag van zijn regels af. Maanden gingen voorbij, Khalid en ik tekenden in de zomer een huwelijksakte en vlak daarna ging ik terug naar Marokko voor familiebezoek.

Toen ik daar eenmaal was, heb ik mijn moeder verteld dat ik verloofd was en weg wilde bij haar broer. Ze vond het goed. Ik heb meteen Khalid gebeld en gezegd: 'Zoek maar een huis, als ik terug kom ga ik direct naar jou toe.'

Samenwonen zonder een huwelijksfeest te hebben gegeven was nogal radicaal, maar ik moest weg. Een jaar lang hebben we samengewoond zonder lichamelijk te zijn. We deelden een kamer in een groot huis. We sliepen in aparte bedden, ik wilde pas met hem naar bed in de nacht van ons huwelijksfeest en hij begreep dat. Hij regelde een baan voor mij bij het bedrijf waar hij werkte: CBS, dat nu Sony heet.

Daar stond ik aan de lopende band en moest controleren of

de platen niets mankeerden. Eindelijk had ik werk: een doel in mijn leven.

Toen mijn oom en tante dat zagen, begonnen ze over mij te roddelen, ze waren jaloers.

Het kon me niet schelen, ik was verlost van hen en had niets meer met hen te maken. Mijn leven in Nederland kon beginnen.

De zomer daarop hielden we een groot feest in Marokko, met al mijn familieleden. De familie van Khalid was er niet bij. Hij had me verteld dat zijn ouders overleden waren en zijn familie het niet eens zou zijn met zijn huwelijk met een Arabische. 'En je kunt hen toch niet verstaan,' zei hij. Khalid heeft nooit zijn best gedaan mij in contact te brengen met zijn familie. Waarom weet ik niet, hij was een moeilijke man.

Eerlijk gezegd heb ik zelf ook niet mijn best gedaan. Er gingen onder ons stedelingen vreemde verhalen rond over Berbers. Dat ze gevaarlijk waren en agressief. Als je bij een Berber iets verkeerd doet doodt hij je, zeiden ze. Ik was daardoor beïnvloed en diep vanbinnen was ik bang voor mijn eigen man. Ik dacht: ik moet voorzichtig zijn anders krijgen we ruzie en steekt hij me misschien wel neer. Ik kwam er langzaam achter dat hij helemaal niet zo was.

Hij heeft me in het begin van ons huwelijk wel een paar keer geslagen. Misschien dat hij dacht dat dat normaal was, omdat zijn vader zijn moeder sloeg, of hij moest wennen aan het huwelijk, ik weet het niet. Beneden ons woonde een Marokkaans echtpaar en hun vroeg ik de politie te bellen als ze veel lawaai hoorden. Dat is wel eens gebeurd, stonden er ineens agenten voor de deur. Ik deed dat omdat ik bang was dat hij op een dag te ver zou gaan.

Op een gegeven moment is het gestopt en wat daar de reden van is weet ik ook niet. Ik ging meer praten, zei dat ik het niet normaal vond wat hij deed, ik was dat niet gewend. Het kan er ook mee te maken hebben dat ik Nederlands leerde spreken en hij bang was dat ik hem zou verlaten als hij doorging omdat ik zelfstandiger werd.

Het liefst was ik na ons huwelijk meteen weer gaan werken. Ik wilde nog geen kinderen; eerst geld verdienen om naar mijn moeder te sturen en iets opbouwen. Maar er heersten rare opvattingen in de Marokkaanse gemeenschap over de pil. Er werd me verteld dat je daar niet meteen mee kon beginnen, dat je dan onvruchtbaar werd, dat het je baarmoeder aantastte en dat je er ernstig ziek van kon worden. Je moet tellen, zeiden oudere vrouwen. Dan kan je uitrekenen wanneer je vruchtbaar bent. Bang gemaakt voor de pil besloot ik te gaan tellen. Ik was na een maand al zwanger.

Khalid was dolblij, hij wilde graag veel kinderen. Maar ik zei hem dat ik het niet wilde houden. Hij zei: 'Haal het maar weg als je dat zo graag wilt, maar ik ga niet mee.'

De huisarts vertelde me dat een abortus alleen mogelijk was met toestemming van de man, dat was zo in de jaren tachtig. Dus kon hij niets doen.

Ik bedacht gekke dingen om het kind uit mijn buik te krijgen. Van een Marokkaanse buurvrouw kreeg ik bittere kruiden. 'Die moet je drinken,' zei ze. Het was een smerig drankje, heel bitter en sterk, maar het hielp niet.

Ik voelde me niet klaar voor een kind omdat ik zelf nog niet op eigen benen stond in Nederland. Ik kon me nauwelijks verstaanbaar maken. Elke vrouw zou ik adviseren eerst de taal te leren en zelfstandig te zijn, pas dan aan kinderen te beginnen. De taal is het belangrijkste, altijd eerst de taal spreken.

Toen ik in het ziekenhuis lag om te bevallen kon ik niet tegen de arts zeggen waar het pijn deed of wat ik wilde. Ik moest alles wat ik wilde zeggen opsparen tot mijn man kwam.

Dat ik het kind niet wilde houden voelde ik bij de geboorte niet meer. Het was een meisje, Hayat, en ik was heel blij met haar.

Na mijn zwangerschapsverlof moest ik weer aan het werk. Khalid en ik zorgden dat we allebei een andere ploegendienst hadden zodat er steeds iemand was voor Hayat. Ook paste haar tante vaak op. Maar toen ze twee was kon ik het niet meer aan. We hadden een huis gekocht met een hoge hypotheek, ik wilde elke maand een bedrag naar mijn moeder sturen en het lukte me niet al dat geld op te brengen en ook nog eens voor Hayat te zorgen. Ik bracht haar naar mijn moeder in Marokko en daar is ze twee jaar gebleven.

Nadat ik haar had weggebracht voelde ik me verschrikkelijk. Al haar spulletjes lagen nog door het huis toen zij weg was. Ik heb heel veel gehuild in die tijd. Mijn man miste haar ook, maar we zagen geen andere oplossing. We hadden het geld nodig, ik moest blijven werken en ik wilde dat ook.

Toen ze eenmaal naar school kon is Hayat teruggekomen. Een van ons bracht haar 's morgens, de ander haalde haar op.

Mijn huwelijk was niet altijd even gemakkelijk, maar mijn werk vond ik heel leuk. Zes jaar lang controleerde ik elpees. Ik had goed contact met mijn collega's. Er was een Turks meisje van mijn leeftijd waarmee ik bevriend raakte en een Nederlandse jongen die mij hielp met mijn taallessen. Ik volgde een cursus Nederlands en nam al mijn oefeningen mee naar mijn werk. In het begin kon ik niets zeggen behalve 'ja' en 'nee', maar ik ging snel vooruit.

Op mijn afdeling was ik de enige Marokkaanse. Verder werkten er veel oudere Turkse vrouwen en Nederlanders. Behalve mijn vriendin, die jonger was, klitten de Turkse vrouwen samen in de pauze. Ze waren lief, maar spraken geen woord Nederlands en deden ook hun best niet om het te leren. In de kantine hadden ze hun eigen tafel, dat wist iedereen en daar gingen Nederlanders dus nooit zitten. Er was geen spanning tussen de verschillende groepen, maar ook geen contact. Ik zat altijd bij de Nederlanders, die verstond ik tenminste een beetje. Dat het vooral mannen waren maakte mij niet uit. Ik praatte alleen maar, daar is niets mis mee. Maar bij mijn man op de afdeling werkten een paar Marokkanen die over mij roddelden.

Dan zagen ze mij in de kantine naast mannen zitten en liepen ze rechtstreeks naar Khalid om dat te vertellen. Hij voelde zich dan geen echte man en kwam meteen kwaad naar mij toe: 'Met wie was je daar? Waarom?' Ik zei dat als iemand iets aan mij kwam vragen ik hem toch moeilijk weg kon sturen. Als je niet wilt dat ik contact heb met andere mannen had je deze baan niet voor mij moeten regelen, zei ik.

Na een tijdje ging hij inzien dat hij verkeerd bezig was. Elke dag ruzie maken over hetzelfde heeft geen zin en hij wilde mij niet kwijt.

Toen we eenmaal een beetje aan elkaar gewend waren ging het beter. Net na ons huwelijk waren we alleen maar beleefd tegen elkaar, er waren geen echte gesprekken, maar ik ging steeds meer praten. Door mijn werk en de lessen Nederlands voelde ik me meer mezelf en langzaam liet hij me een beetje los. De jaloezie is denk ik altijd gebleven, maar hij zag dat ik te vertrouwen was.

Zijn familie hield hij nog altijd ver weg van mij. Als we samen in Marokko waren zocht hij hen op en bleef ik in Casablanca. Toen Hayat een jaar of vier was nam hij haar mee naar zijn zus. Ik was bang dat ze haar daar zouden houden en was opgelucht toen ze weer heelhuids thuiskwam. Hayat had alleen maar leuke verhalen te vertellen over de familie. Dat ze haar zo leuk vonden en mij ook graag wilden zien. Maar toen ik mijn man daar naar vroeg zei hij alleen maar dat ik toch niets met hen gemeen had. Ik vroeg niet door.

Toen Hayat een jaar of vijf was ging het niet goed met Khalid. Ik denk dat hij spijt kreeg van hoe hij zijn leven had geleid. Hij was al heel jong naar Europa vertrokken om te werken. Hij heeft in verschillende landen gewoond en gewerkt en uiteindelijk is hij hier terechtgekomen. Ik weet niet waarom, maar hij wilde heel lang niets met zijn familie te maken hebben. Pas toen hij hoorde dat zijn vader overleden was heeft hij weer contact gezocht en is hij langsgegaan. Hij zal toen spijt hebben gehad dat hij ze al die tijd links heeft laten liggen. Hij wilde iets goedmaken en besloot een bootje te kopen voor zijn broertje en zusje, zodat die konden vissen en een vast inkomen zouden hebben. Dat kostte veel geld, meer dan we overhielden met de kosten van het huis en wat ik naar mijn moeder stuurde. Onze bankrekeningen waren gescheiden, dat had ik in het begin zo geregeld, dus hij moest het echt uit zijn eigen zak betalen en dat lukte niet. Hij kon niet leven met de gedachte dat hij zijn broertje en zusje liet zitten. Plotseling wilde hij alles goed maken.

Er zal wel meer aan de hand zijn geweest, hij vertelde me niet alles. Hij was erg down in die periode en trok zich steeds vaker terug. Hij begon met het slikken van medicijnen om te kalmeren. Steeds meer. Hij kreeg de pillen heel gemakkelijk bij de huisarts. Het was een moeilijke tijd, voor ons allebei, want ik kon hem niet helpen.

Op een donderdag gingen we naar mijn broer. Khalid hielp hem met het leggen van een tapijt. Er was niets aan de hand, hij was gezond. Ook vrijdag leek alles normaal.

Op zaterdag stortte hij plotseling in en heb ik hem meteen naar het ziekenhuis gebracht. Zondag zeiden ze dat het goed met hem ging, ik hoefde me geen zorgen te maken. Maandagochtend, om elf uur, kreeg ik een telefoontje van het ziekenhuis. Of ik wilde komen. Daar vertelden ze me dat hij was overleden aan een hartstilstand. Ik hoorde het wel, maar ik begreep het niet. Zondag was alles goed, maandag was hij dood.

De periode na zijn overlijden was zwaar. Ik stond er alleen voor en er was zoveel wat ik niet wist. Waar moest ik beginnen? Mijn broer en een vriend van Khalid hebben me geholpen alles te regelen. Volgens de islam moet een dode binnen vierentwintig uur begraven worden. Ik wilde hem in Marokko begraven en had dus weinig tijd om dat voor elkaar te krijgen.

Mijn man bleek geen begrafenisverzekering te hebben afgesloten, ik moest alles zelf betalen.

Uiteindelijk is het me gelukt hem in drie dagen naar Casablanca te vervoeren. In een brief aan hem vond ik het telefoonnummer van zijn zusje en ik belde haar. Zij beloofde me de rest van de familie op de hoogte te stellen en me te ontmoeten in Casablanca. Dat was heel vreemd. Ik ontmoette de familie van mijn man pas bij zijn graf. Twee broers en drie zussen, ze spraken allemaal Arabisch, net als ik.

Ik vergeef mezelf nog steeds niet dat ik al die jaren zo'n slecht beeld van hen heb gehad. Ze waren ontzettend lief voor me. Waarom hij ons altijd uit elkaar heeft gehouden konden we hem niet meer vragen, maar ik was blij met ons contact.

Na de begrafenis ging ik terug naar Nederland, en daar kwam ik erachter dat ik zwanger was. Het was een dubbel gevoel, ik was blij met nog een kind, maar vond het vreselijk dat hij het niet meer mee kon maken, terwijl hij er zo lang op gewacht had. Met de gedachte dat ze elkaar nooit zouden leren kennen huilde ik in die tijd aan één stuk door. Een paar maanden voor zijn dood was ik gestopt met de pil. Niet alleen voor hem, ook voor Hayat die heel graag een broertje of zusje wilde. Ik had niet verwacht dat het zo snel raak zou zijn.

Er moest veel worden uitgezocht. Ik had recht op een weduwepensioen en ik moest dingen regelen met de hypotheek. Uiteindelijk heb ik een advocaat genomen om dat voor mij te doen. Ik had geen idee wat de regels en wetten in Nederland waren en waar ik wel of geen recht op had. Van die periode heb ik veel geleerd, ik moest heel snel helemaal zelfstandig worden. Een paar maanden na de begrafenis ging ik weer aan het werk. Ik verstopte mijn buik, omdat ik bang was dat ze me anders niet terug zouden nemen. Het was een zware tijd voor mij en die baan had ik nodig, ik wilde werken; een reden hebben om elke dag op te staan.

Toen mijn buik dikker werd kreeg mijn ploegbaas het door en kreeg ik lichtere taken.

Ik beviel van een tweede dochter, Hind, en ging na mijn verlof weer terug naar CBS. Toen er cd's op de markt kwamen, verviel onze afdeling. In plaats van platen controleren moesten we nu in grote groepen cd's inpakken.

Ik bleef Nederlandse lessen volgen, op een steeds hoger niveau. Op een dag zei mijn lerares: 'Hier heb je niets meer te zoeken, je bent klaar om de stap naar de mavo te zetten.'

Dat heb ik toen gedaan, naast mijn ploegendienst. Mijn jongere zusje Layla kwam naar Nederland en werd oppas voor Hind. Ik begon met alleen Frans en Nederlands, daarna nam ik economie erbij. Nadat ik mijn diploma's had gehaald ging ik een opleiding administratief medewerker doen. Bij CBS, dat inmiddels Sony heette, kreeg ik een baan op het kantoor, heel leuk, achter een bureau. Van de lopende band was ik opgeklommen naar een kantoorbaan. Ik had het gevoel dat ik iets kon en voelde mij goed op mijn werk. Het duurde vier jaar. Toen kregen we te horen dat Sony naar het buitenland ging en haar medewerkers niet meenam. Tijdens de vierentwintig jaar dat ik er heb gewerkt is het mijn houvast geweest. Nadat mijn man overleed dacht ik: ik heb mijn werk nog, ik kan verder met mijn leven. Het betekende alles voor mij. Het was een ramp dat te verliezen. Ik viel in een gat.

Ik voelde niets meer, alsof ik helemaal op slot zat. De huisarts heeft me toen doorverwezen naar het RIAGG. Heel vreemd, ineens moest ik over mezelf gaan praten, dat was ik totaal niet gewend. Ik ben opgegroeid met het idee dat je alles voor jezelf houdt, je eigen problemen oplost. Bij de eerste psycholoog moest ik lachen. Ik dacht: wat doe ik hier?

Maar ik kon mijn eigen problemen niet oplossen. Overal waar ik solliciteerde, werd ik afgewezen en ik zakte weg in een depressie. Dat ik mijn opleiding het jaar daarvoor had afgerond hielp niet. Op elke sollicitatiebrief tot dan toe was het antwoord: het spijt ons, u bent niet de persoon die wij zoeken. Of: helaas, de keuze is niet op u gevallen, succes verder.

Op een gegeven moment houd je dat niet meer vol. Via een reïntegratieproject ben ik bij een andere psycholoog terechtgekomen, een vrouw in Amsterdam. Ik ben nog steeds bij haar, ik voel me op mijn gemak en ineens vertel ik een wildvreemde allemaal dingen over mijzelf.

Ik weet niet hoe het kon gebeuren, maar toen ik mijn werk kwijtraakte groeide het idee in mijn hoofd dat mijn leven geen zin meer had. Mijn dochters worden volwassen, eentje is het huis al uit, en ik blijf straks alleen achter.

Als mijn man nog had geleefd was het makkelijker geweest. Ik kon de opvoeding van Hind in mijn eentje niet aan. Ik was eenzaam en niet tegen haar opgewassen.

Als mijn moeder op bezoek komt in Nederland schrikt ze van Hinds brutaliteit. Met Hayat ging het nog wel, die luisterde naar me, Hind niet. Ik heb de energie niet meer om grenzen te stellen, dat heb ik bij haar eigenlijk nooit gehad. Mijn moeder zei tijdens haar laatste bezoek: 'Je moet die dochter een paar flinke klappen geven, dan leert ze wel luisteren.' Maar zo werkt het niet in dit land. Ik kan niet doen wat mijn moeder deed. Hier willen de kinderen het leven zelf ontdekken, ze zijn niet bang te maken met enge verhalen, zoals wij.

Als ik zeg dat er buiten enge dingen gebeuren zegt ze: 'Ik ga toch.' Ze kennen Nederland misschien ook wel beter dan ik, dus wat kan ik hen vertellen?

Ik kan drie of vier keer 'nee' zeggen, maar als Hind blijft drammen, geef ik toe. Als ik maar rust heb.

Ik weet ook dat ik hen kwijtraak als ik te veel verbied. Vroeger zei ik tegen Hayat: 'Als jij met een jongen samen gaat wonen kom je mijn huis niet meer in.' Ze deed het toch, ze woont nu samen en wat kan ik doen? Niet opendoen als zij voor de deur staat? Ik zie haar al niet veel.

Met een vader in huis hadden mijn dochters al deze vrijheden niet gehad, dan waren er duidelijke regels geweest, ik ben niet sterk genoeg.

Mijn familie heeft erop aangedrongen dat ik na de dood van Khalid weer zou trouwen. Maar ik wilde niet. Ik was druk genoeg met mijn werk en mijn kinderen. Ik denk wel eens: misschien had ik het anders moeten doen, toch moeten hertrouwen. Maar nu heb ik daar geen zin meer in. Met een nieuwe man zou ik weer rekening moeten houden en dingen moeten delen. Mijn moeder vindt nog steeds dat dat het beste zou zijn. 'Je hebt je hele leven opgeofferd voor je kinderen,' zegt ze, 'en nu krijg je een grote mond terug en gaan ze het huis uit. Het is zwaar om alleen te blijven.' Maar het hoeft niet meer voor mij, ik red me wel.

Het enige wat ik wil is weer aan het werk. Ik zal eerst wat dingen uit moeten zoeken en over mijn zwaarmoedigheid heen moeten komen.

De psychologe helpt me daarbij. Ze geeft praktische tips waar ik wat aan heb. Bijvoorbeeld: hoe deel je je dag in? Ze vraagt me wat ik precies doe en zo word ik me bewust van mijn gedrag. Ze zegt me ook dat meer mensen hetzelfde hebben als ik, dat helpt.

Mijn vriendinnen en kennissen van het werk heb ik verwaarloosd. Ze stuurden kaartjes, lieten van zich horen, maar ze kregen geen reactie. Daar voel ik me slecht over.

Elke dag pak ik de telefoon en denk ik: nu ga ik bellen. Maar dan schiet het door mijn hoofd: wat moet ik zeggen? Wat heb ik nou te vertellen? Het wordt steeds moeilijker.

Ik zeg altijd dat ik graag terug wil naar Marokko, maar niet met lege zakken. Dus nu moet ik maar wachten tot ik de staatsloterij win of zoiets. Hier oud worden lijkt me niets, alleen maar binnen zitten vanwege het slechte weer en wachten tot één keer in de maand je kinderen langskomen. Maar ik heb geen spijt dat ik ben weggegaan. Ik wilde toen echt weg; voor mezelf zorgen en opnieuw beginnen. Bovendien voel ik me niet meer thuis in Marokko. Nederland zit vol met regels en daar ben ik aan gewend geraakt: wachten op je beurt, eerlijk geholpen worden.

In Marokko word ik gek van alle corruptie en oneerlijkheid. Voor de mensen zou ik niet terug gaan, alleen voor het klimaat en het land zelf, dat mis ik wel. Maar mijn dochters zouden het ook niet volhouden daar.

Hoewel ik het jammer vind dat Hayat haar studie niet heeft afgemaakt, ben ik wel trots op wat ze doet. Ze zingt en dat is iets wat ze echt heel graag wil. Ik ben alleen bang dat ze later spijt krijgt. Nederland is klein, je kunt hier niet als een Mick Jagger tot je zestigste op het podium staan en geld verdienen. Haar vriend zit ook in de muziek, dus ze zit helemaal in die wereld. Ik denk dat ze nog beter om zich heen zou moeten kijken, nieuwe dingen proberen waar ze misschien verder mee komt.

Hind wil na haar eindexamen een dansopleiding doen, nou, dan is het groepje compleet. Ze willen schrijven, zingen, springen. Ze denken niet aan de toekomst.

Ik maak me daar wel zorgen over. Ik zie hoe hard Hayat moet vechten voor wat ze wil, maar ook dat ze echt haar best doet, en dat vind ik goed. Op die manier doet ze wat ik toen ook deed, ze kiest haar eigen weg.

Hayat (1981)

Toen mijn moeder haar baan verloor en in een depressie raakte vond ik dat verschrikkelijk. Maar het heeft haar wel aan het praten gekregen. Door de therapie die ze volgt is ze een stuk verbaler geworden. Dat was wel nodig, want mijn moeder is altijd een heel gesloten vrouw geweest die maar weinig van zichzelf liet zien. Aan de buitenkant lijkt alles in orde, maar wat zich in haar hoofd afspeelt blijft vaak een raadsel. Ze heeft zich haar leven lang helemaal op haar werk gestort. Daar haalde ze een gevoel van eigenwaarde uit en een sociaal netwerk. Mensen vinden haar snel leuk en gezellig. Het was op haar werk de hele dag: Mientje dit en Mientje dat, ze werd gewaardeerd. Ze zei vaak: 'Mijn werk is mijn man, mijn alles.'

En van de een op de andere dag was dat allemaal verdwenen, zat ze met een moeilijke puber en niets om handen thuis.

Het is pijnlijk voor mij om mijn moeders verhaal te horen. Hoe kan iemand zoveel pech hebben? Ik breek mijn hoofd over manieren om haar gelukkig te maken. Een tijdje geleden was ze naar de sportschool en de sauna geweest. Ze voelde zich lekker en ik dacht: dat gevoel moeten we zien vast te houden. Ik heb een abonnement op de sportschool voor haar gekocht. Ze heeft het al tijden niet gebruikt.

Kort geleden kwam ik met het idee voor een Arabische patisserie. Ik had contact met mensen die haar daarbij konden helpen. Het leek me een goed plan: een hippe plek in Amsterdam waar allerlei soorten mensen komen om lekkere Arabische dingen te eten. Met mijn moeder in de keuken. 'Als jij nou de menukaart vast maakt,' zei ik tegen haar. Nou, dat duurde maar. Ik merkte dat ze helemaal niet enthousiast was. Toen heb ik het plan maar laten varen. Ik kan moeilijk begrijpen waarom ze zo weinig ondernemend is. Het echte geluk zal toch vanuit haarzelf moeten komen. Daar geloof ik nu eenmaal in, dat je je eigen werkelijkheid creëert.

Het is denk ik voor een deel de Arabische mentaliteit om in alles te berusten en je ongeluk voor lief te nemen. Gewoon dealen met de situatie zoals hij is. Dat is mooi, maar het belet je ook om verder te kijken. Ik leg me niet zo snel bij dingen neer, weet dat er altijd wel een uitweg is of een manier waarop het anders kan. Bij mijn moeder heb ik het gevoel dat ze zichzelf altijd tegenhoudt. Aan de ene kant is ze westers en flexibel, maar diep vanbinnen schuilen nog veel conservatieve ideeën. Zoals het idee dat een vrouw thuis blijft wonen tot ze getrouwd is. Een punt waarop we nog altijd van mening verschillen.

Daarbij heeft ze een heel negatief zelfbeeld door alles wat ze heeft meegemaakt. Na het overlijden van mijn vader heeft ze nog geprobeerd een relatie op te bouwen met een andere Marokkaanse man, maar dat ging helemaal mis. Zij kon zich niet voor hem openstellen en hij accepteerde dat niet. Uiteindelijk hebben ze elkaar alleen maar naar beneden gehaald.

Mijn moeder heeft nooit van iemand gehoord dat ze goed was, de enige plek waar ze echt gewaardeerd werd was op haar werk. Nu denkt ze dat ze nergens meer goed voor is. 'Ik heb mijn kansen gehad,' zegt ze, maar dat is niet zo. Mijn moeder moet verder leren kijken en iets nieuws durven aangaan. Ze houdt zichzelf zo klein. Maar ik heb misschien makkelijk praten, ik weet niet wat ik in haar plaats geworden was.

Ik was zeven toen mijn vader overleed en in mijn puberteit miste ik hem erg. Mijn familie zei tegen me dat ik maar blij moest zijn dat hij er niet meer was, omdat ik anders nooit zo vrij was geweest. Dat vond ik pijnlijk, ik wilde niet horen dat ik beter af was zonder hem en in mijn hoofd maakte ik van mijn vader een toffe gast, de vader die ik had willen hebben.

Pas rond mijn twintigste hoorde ik de verhalen van mijn moeder en kwam ik erachter dat hij helemaal niet zo leuk was als ik had bedacht. Hij ging al heel jong naar Europa en leek vrij te zijn, maar toen hij mijn moeder trouwde, veranderde dat en bleek hij ineens heel conservatief.

Ook loog hij tegen haar. Zo kwam ze er na zijn dood pas achter dat hij nog een vrouw had in Marokko, dat moet een klap voor haar zijn geweest. Ze heeft het moeilijk gehad met hem en toen ze me daarover vertelde kwamen ook de herinneringen aan de ruzies weer boven.

Ik denk nu dat het inderdaad beter is dat hij niet meer leeft, hoewel ik het pijnlijk vind voor mijn moeder dat ze met een dochter en een kind in haar buik werd achtergelaten. Mijn leven had er met mijn vader in huis waarschijnlijk compleet anders uitgezien. Ik zou niet dezelfde vrijheden hebben gehad. Wie weet hoe ik dan was geworden. Maar ik voel me gezegend met mijn familie zoals die is. En ook al heeft mijn moeder het moeilijk, toch is ze er voor mij en steunt ze mij.

Ik voel me meer een Arabische dan een Berber. Mijn Berberse familie kan zich niet voorstellen dat ik serieus ben over mijn zangcarrière. Het past niet in hun wereldbeeld. De enige die ik nog wel af en toe zie is de zus van mijn vader die in Tanger woont. Als ik haar dochters zie, ben ik blij dat ik niet in hun schoenen sta: ze trouwen jong, krijgen kinderen en werken hard, veel meer is er niet.

De zussen van mijn moeder wonen allemaal in Europa en begrijpen wel een beetje wat ik doe. Met mijn oma heb ik het minst contact. Ik kan me verstaanbaar maken in het Arabisch, maar niet mijn gevoelens uiten en zij begrijpt vaak niet wat ik bedoel. Haar wereldbeeld staat ook erg ver af van het mijne. Ze is oud en vastgeroest in conservatieve ideeën. Ik neem het haar niet kwalijk, zij werd met een ijzeren hand opgevoed en heeft hetzelfde gedaan met haar kinderen. Iets anders kende ze niet.

Hoewel mijn familie in vergelijking met andere Marokkanen ruimdenkend is, nemen ze mijn relatie met een Nederlandse jongen niet serieus. Zelfs mijn moeder denkt waarschijnlijk dat ik uiteindelijk toch wel eindig met een Arabier. Ik heb Pieter wel eens mee naar huis genomen, maar hij en mijn moeder hebben elkaar niet heel veel te melden. Dat vind ik jammer.

Ik heb mijn moeder nooit op de vrouw af gevraagd wat ze ervan zou vinden als ik met Pieter zou trouwen, maar ik denk dat ze erom heen zou draaien, geen concreet antwoord zou geven. Wat dat betreft kiest ze er echt voor oogkleppen op te houden. Pieter en ik zijn al zeven jaar samen, wonen nu ook samen, maar ze wil daar niet over nadenken. Ik snap het wel. Voor een Marokkaanse moeder laat ze me al heel erg vrij. Over veel dingen kunnen we openlijk praten. Dat heeft wat moeite gekost.

Ik zag al vroeg hoe andere Marokkaanse meisjes dingen stiekem deden en achterhielden voor hun ouders. Zo wilde ik het niet. Toen ik een jaar of twaalf was begon ik mijn moeder alles te vertellen. Zelfs de stomste dingen: 'Mam, ik heb op weg van school naar huis een spin doodgetrapt.' Alles. Op die manier won ik haar vertrouwen. Toen ik op de middelbare school een vriendje kreeg was er veel strijd. Dat ging gepaard met ruzies, slaan en schreeuwen. Ik mocht er niet eens aan denken. Ik had toen van alles stiekem kunnen gaan doen, maar ik had een duidelijk doel voor ogen: alles met mijn moeder kunnen bespreken. En ik eiste van haar dat ze met me zou praten. Ik bleef haar vertellen over mijn leven. Uiteindelijk hebben we de frictie overwonnen. Ze kon niet anders dan zich erbij neerleggen en naar me luisteren. Ik herinner me nog goed dat ze mij en mijn eerste vriendje naar de bioscoop reed en zei: 'Ik vind het niet leuk, maar nu weet ik tenminste waar je bent.'

We verschillen veel qua opvattingen. Van het geloof heeft ze me geleerd wat zij geleerd heeft. Daarin zijn cultuur en islam vaak sterk met elkaar vermengd. Op veel vragen kon ze geen antwoord geven, behalve: zo is het gewoon. Ik neem daar geen genoegen mee en heb mijn eigen ideeën over hoe de islam in elkaar zit.

We gingen samen naar het toneelstuk *De gesluierde monologen* en bespraken onderweg naar huis een scène waarin een Turkse vrouw korte metten maakt met de maagdenvlies-mythe. Toen kwam ik erachter dat mijn moeder heilig gelooft in het maagdenvlies en dat ze denkt dat dat de hele boel afsluit. Ik vroeg haar: 'Mam, hoe kan dat nou? Wat nou als ik ongesteld ben?' Maar ze wilde het niet horen. 'Ik weet het zeker,' zei ze, 'vraag maar aan de gynaecoloog.' Ik vind het prima, ze hoort al veertig jaar hetzelfde verhaal, dus die ideeën blijven.

Met andere Marokkanen durf ik niet altijd het gesprek aan te gaan over het geloof. Ik denk dat ik een nogal on-Marokkaanse mentaliteit heb wat veel dingen betreft.

Vroeger vond ik dat jammer, had ik echt het gevoel dat ik niet bij hen hoorde. Ik zat op basketbal, zong, allemaal dingen waar anderen verbaasd over waren. 'Mag dat dan van je ouders?' kreeg ik vaak te horen. Maar de laatste jaren, en zeker nu ik in Amsterdam woon, kom ik steeds meer Marokkanen tegen die denken zoals ik.

Hoewel ik roep dat ik alles anders ga doen, lijk ik toch wel op mijn moeder. Ik kan soms net zo gesloten zijn als zij en alles opkroppen. Alleen heb ik geluk met mijn omgeving. Ik word niet naar beneden gehaald zoals mijn moeder vroeger, maar uitgedaagd om te praten en mijn leven te delen.

Soms fluistert er een stemmetje in mijn hoofd waarvan ik weet dat het van haar komt. 'Is dat samenwonen niet verkeerd?' 'Zou je niet anders moeten leven?' Maar daar geef ik niet aan toe, dat zijn gewoon de dingen die ik kreeg aangeleerd.

MIMOUNT (±1939)

Het leven gaat niet zoals je wilt, het lot bepaalt.

Op de dag van mijn geboortefeest kwam mijn vader vanuit de stad waar hij werkte naar ons toe. Ik was zijn eerste kind, net een week oud. Het zou de eerste en laatste keer zijn in veertig jaar dat hij en ik elkaar ontmoetten.

Na het feest ging hij naar de moskee voor het avondgebed. Mijn moeder wachtte thuis op hem. Er gingen dagen, weken, maanden, jaren voorbij. Hij kwam niet meer terug, mijn moeder werd de man in huis.

Ik groeide op in een klein dorp in de buurt van de stad Al Hoceima, die toen nog door Spanje werd bezet. Na mijn vaders verdwijning was er geen man meer om voor ons te zorgen, dus moest mijn moeder wel gaan werken. Ze vertrok naar Al Hoceima en vond een betrekking als schoonmaakster in een Spaans overheidsgebouw. Ook werkte ze, hoewel ze daar niet voor was opgeleid, als verpleegster in het ziekenhuis ernaast. De bergweg van ons dorp naar de stad was lang en moeilijk begaanbaar. Dus woonde mijn moeder in de stad en kwam ze alleen langs als ze vrij had en vervoer kon regelen, dat was maar zelden.

Omdat de man van mijn oma al vroeg overleden was en zij alleen achterbleef toen al haar kinderen trouwden, ging ik bij haar wonen. Met hulp van mensen uit het dorp zorgden we voor het werk op het land en om het huis en van het geld dat mijn moeder verdiende konden we gemakkelijk rondkomen. Maar in het dorp werd geroddeld. Een vrouw hoorde niet te werken en zeker niet voor de bezetter. Ik groeide op met de schande van mijn moeder, die al die jaren hoopte dat mijn vader terug zou komen. Mijn oma en ik hadden een hechte band en de eerste jaren van mijn leven was ze meer een moeder voor mij dan mijn echte moeder, die ik nauwelijks zag. Ik was denk ik zes jaar toen de werkgever van mijn moeder voorstelde dat ik op kosten van de Spanjaarden naar de stad kon komen om naar school te gaan. Ik heb een paar maanden bij mijn moeder gewoond, maar elke dag als ik met de schoolbus werd opgehaald was ze als de dood dat ik niet thuis zou komen. Al snel kon ze er niet meer tegen en stuurde me terug naar mijn oma. Ik kan me niet herinneren dat ik dat erg vond. Bij mijn oma voelde ik me het best.

Op een dag was mijn moeder bij ons in het dorp en liep ze op een bedelaar af om hem geld te geven. De man bleek helderziend. Hij zei: 'Je man is weg en je hoeft niet meer te wachten. Hij komt niet, je zult opnieuw moeten trouwen.'

Toen een maand later een militair uit Al Hoceima haar ten huwelijk vroeg, hoefde mijn moeder niet lang na te denken. Vanaf die dag stopte ze met werken en kwam met haar nieuwe man bij ons in het dorp wonen.

Het was hard werken op het land, maar we hadden geen honger en, hoewel ik hem nooit als een echte vader zag, was mijn stiefvader een vriendelijke man. Hij zorgde goed voor ons.

Hij en mijn moeder kregen samen een zoontje. We hadden veel weg van een normaal gezin, maar voor mij bleef er een leegte hangen. Ik fantaseerde veel over mijn vader; wat voor man het was geweest en hoe hij eruitzag. Als iemand het over een vader had voelde ik een steek in mijn buik. Het is vreemd hoeveel je iemand die je niet kent, kunt missen.

Mijn moeder was een moeilijke vrouw om mee samen te leven. Ze had vaak woedeaanvallen waarin ze een compleet ander mens werd. Het leek alsof ze stikte, ze hapte naar adem en werd heel agressief. Als ik in de buurt was, sloeg ze mij. Ze werd naar verschillende dokters gebracht, maar niemand wist wat er aan de hand was. Uiteindelijk bleek ze bezeten door djinns, geesten. Hoe die bij haar terecht waren gekomen wisten we niet, maar ze gingen niet meer weg.

Niemand mocht haar boos maken, tijdens een aanval was ze zo sterk dat ze zelfs zonder moeite haar man aankon. Achteraf had ze altijd spijt. Ze kon me slaan en me een uur later huilend omhelzen en zeggen dat het haar zo speet. Ik wist nooit wat te antwoorden. Het leek of er twee vrouwen in haar huisden. Twee vrouwen die ik allebei niet kende.

Ik verlangde heel erg naar mijn vader en dacht vaak dat als hij er was geweest, hij ervoor had kunnen zorgen dat het goed kwam met haar.

Toen ik zeventien was werd een van haar aanvallen mijn moeder fataal. Ze stierf door de djinns en niet lang na de begrafenis vertrok mijn stiefvader met zijn zoon. Ik bleef met mijn oma in een leeg huis achter.

Als mijn oma niet zo'n sterke vrouw was geweest, hadden we het misschien niet gered. We hadden wat koeien en veel land en met z'n tweeën deden we alles: water halen, land bewerken, brood bakken, hout zoeken, koeien melken, kleren wassen en schoonmaken. In die seizoenen dat het werk ons te veel werd, huurden we arbeiders in. Daarnaast kon mijn oma van eenvoudig materiaal alles maken; potten, pannen, tafels, stoelen.

Ik stond in het dorp bekend als een hardwerkend meisje. Ik was nooit ziek, maar dat had ook niet gekund. Ik was veel te hard nodig bij al het werk.

Ik verlangde er in die tijd naar te trouwen, net als alle meisjes van mijn leeftijd in ons dorp. Ik wilde heel graag een man die voor mij zou zorgen en bij wie ik mij veilig zou voelen. Bovendien was ik als de dood alleen achter te blijven als mijn oma zou sterven. Misschien zouden de djinns in mij een makkelijke prooi zien en zou ik eindigen als mijn moeder.

Zonder ouders en met de slechte reputatie die mijn moeder had gehad, leken mijn kansen op de huwelijksmarkt klein. Toch viel ik in de smaak bij de mannen. En op een dag werd ik verliefd. De jongen in kwestie kwam uit hetzelfde dorp en we zagen elkaar vaak tijdens het werk op het land. Hij bleek ook verliefd op mij en ik wilde dolgraag met hem trouwen. Niets had ons in de weg hoeven staan, maar het lot had anders besloten. Zijn vader was ooit verliefd geweest op een meisje waar hij niet mee had mogen trouwen en hij had gezworen zijn zoon uit te huwelijken aan een dochter van zijn grote liefde. De jongen van wie ik hield was niet voor mij bestemd.

Ondertussen kreeg ik andere aanzoeken. Mijn lief vroeg me te wachten. Hij wilde onder het door zijn vader gearrangeerde huwelijk uitkomen, maar ik wist dat ik niet kon wachten. Mijn oma werd oud, er was niemand die voor mij kon zorgen. Ik moest zo snel mogelijk trouwen.

Hassan, de broer van een vriendin van mij, was op zoek naar een vrouw. Op een dag zag zijn vader mij lopen en besloot dat hij mij voor zijn zoon wilde. Mijn vriendin had hem voor mij aangewezen en van een afstand zag hij er goed uit, dus toen zijn familie naar mijn oma kwam om mijn hand te vragen wilde ik wel. Mijn oma raadde het me af.

Ze had gehoord dat hij uit een slechte familie kwam waar de mannen tweede vrouwen namen en de vrouwen weinig vrijheid hadden. Maar ik had al besloten en negeerde haar advies. Ik trouwde en liet mijn oma achter in het oude huis.

Vanaf de dag dat ik met Hassan trouwde was ik ongelukkig met hem. Hij was onaardig en agressief, soms sloeg hij mij zonder duidelijke reden. In het begin dacht ik nog: als ik hem laat zien dat ik wijs en verstandig ben en dat ik zijn vertrouwen waard ben, dan houdt hij wel op, maar het werd met de dag erger.

Ik troostte mezelf met de gedachte dat ik een dak boven mijn hoofd had en een familie waar ik bij hoorde en eigenlijk verbaasde zijn gedrag me niets. Ik zag mijn hele leven al vrouwen die door hun mannen werden geslagen. Ze hielden dat goed verborgen, kwamen lachend naar buiten als ze net een pak slaag hadden gehad. Te trots om iets te laten merken. Ik deed wat zij deden. Als iemand me vroeg hoe het ging zei ik altijd 'goed', ook al zat ik onder de blauwe plekken.

Zoals gebruikelijk ging ik bij mijn schoonouders wonen, iets waar ik tegenop zag omdat het algemeen bekend is dat schoonfamilie het aangetrouwde meisjes zeer moeilijk kan maken. Bovendien vond ik het vreselijk dat mijn oma alleen achterbleef. Vanaf de dag dat ik wegging had zij niemand meer om voor haar te zorgen. Ik mocht haar bijna nooit opzoeken. Ik hoorde nu bij een andere familie.

De eerste maanden van ons huwelijk was mijn man veel weg, op zoek naar werk buiten het dorp. Hij bracht ons af en toe korte bezoekjes, maar was altijd snel weer verdwenen. Mijn schoonfamilie was streng en ik had het gevoel dat ik voortdurend op mijn hoede moest zijn. Bij de kleinste vergissing werden ze boos. Maar dat was ik wel gewend van mijn moeder en hard werken ging me goed af.

Ik maakte me overal nuttig en klaagde nooit, zodat mijn schoonfamilie niets op mij had aan te merken. Ik kan me eindeloos aanpassen en mijzelf onzichtbaar maken.

Eén schoonzus liet me niet met rust. Ze treiterde me voortdurend, maar ik behandelde haar en haar kinderen altijd goed. Op een dag kwam ze naar me toe en zei: 'Ik kan jou niet aan.' Ze wilde dat ik in zou gaan op haar getreiter, iets terug zou doen, maar doordat ik altijd aardig bleef, kreeg ze er genoeg van en stopte ermee.

Ik kreeg al snel een dochter, maar Hassan kwam niet langs om haar te zien. Hij was niet bij haar geboorte en ook niet bij haar naamfeest. Meteen na de geboorte ging ik weer aan het werk. Dag in, dag uit, maar ik was in ieder geval niet meer alleen. Ik had een kind om van te houden.

Er gingen jaren voorbij van korte bezoekjes waarbij hij me steeds vaker zonder reden sloeg en me van van alles beschuldigde. Ik zou naar mannen hebben gekeken of proberen weg te lopen. Soms maakte hij het zo bont dat zijn familie tussenbeide moest komen.

Zij waren ook niet blij met Hassan. Zijn oudere broer onderhield ons voor een groot deel met het geld dat hij in Duitsland verdiende. Hassan was altijd weg, maar stuurde nooit geld.

Op een dag vroeg zijn jongere broer waarom ik niet van hem wegging. Ik had wel gewild en er waren momenten dat ik op het punt stond mijn spullen te pakken, maar ik kon nergens heen. De enige die me wel op wilde vangen was een van mijn ooms, 'maar', had hij gezegd, 'dan moet je je kind achterlaten'. En dat kon ik niet.

Vijf jaar gingen voorbij en ik kreeg een tweede dochter. Hassan zag haar pas maanden na haar naamfeest. Als hij in de buurt was gaf hij me wat geld, de rest van de tijd moest ik teren op de zak van zijn ouders. Als ik hem zei dat ik wat nodig had, sloeg hij me. Eigenlijk sloeg hij me bij alles wat ik zei. Ik kon het nooit goed doen.

Tijdens een van zijn bliksembezoekjes kondigde Hassan aan dat hij naar Algerije ging om daar te werken. Niet veel later hoorde ik dat hij daar in de gevangenis zat. Hij had een man ernstig mishandeld.

Terwijl hij zijn straf uitzat, stierf mijn jongste dochter. Waaraan weet ik niet, ze was waarschijnlijk ziek. Vlak voordat ze stierf riep ze me naar haar bed. 'Mamma,' zei ze, 'kom wat dichterbij en geef me een kusje. Hou je van me?' 'Ja,' zei ik, 'ik hou van je.'

De mannelijke familieleden namen mijn dochter mee naar de moskee om voor haar te bidden, daarna werd ze begraven in het zand. Het was niet gepast voor een vrouw om naar een begrafenis te gaan. Pas na veertig dagen mocht ik het graf bezoeken. Ik nam aalmoezen mee om weg te geven in haar naam. Soms was dat geld en soms een bord couscous.

Twee jaar na haar dood stond Hassan weer voor de deur. Hij was niet onder de indruk van het verlies van zijn dochter. Wel bleef hij langer bij me dan gewoonlijk. Het viel me zwaar, want hij leek harder geworden en er ging geen dag voorbij zonder slaag. Toch was ik op een vreemde manier blij als hij er was. Hoewel hij me slecht behandelde hoorde ik bij hem. Hij was mijn man en ik zijn vrouw, daar kon niets tussen komen. Ik liet het gebeuren. Hij sloeg me en vertrok dan. Als hij weg was koelde ik de beurse plekken op mijn lijf en ging weer aan de slag. Als hij terug kwam begon het opnieuw.

Ik werd weer zwanger, beviel van een dochter en Hassan vertrok naar Nederland; zijn oudere broer had een visum voor hem geregeld.

Twee jaar later stierf het kind aan de mazelen. Veel kinderen uit ons dorp stierven daaraan. Ik had geen idee waar ik Hassan kon bereiken. Hij liet een jaar lang niets van zich horen en stond toen plotseling weer voor de deur. Ook het verlies van deze dochter deed hem weinig. Ik wist wat er zou gebeuren als ik hem zou vragen om meer aandacht en meer geld. Toch deed ik het. Ik probeerde hem uit te leggen wat ik nodig had en te zeggen hoe ongelukkig ik was. Nog voor ik uitgesproken was sloeg hij me tegen de grond.

'Hoe haal je het in je hoofd te gaan zeuren terwijl ik voor je zorg?' schreeuwde hij.

Ik schrok er niet meer van. Ik was eraan gewend geraakt. Het is gek; aan de ene kant haatte ik hem verschrikkelijk en aan de andere kant wilde ik alleen maar dat hij bij me was.

Er volgde een paar jaar van korte bezoekjes. Ik kreeg een zoon die drie maanden later stierf. Hassan was niet bij zijn geboorte en niet bij zijn overlijden. Het moeilijkste was dat ik mijn verdriet met niemand kon delen. Hassan had me verboden naar feesten en andere sociale aangelegenheden te gaan. Ik was wel eens stiekem naar een geboortefeest gegaan, maar dat voelde niet goed. Behalve mijn schoonfamilie zag ik niemand. De enige manier om het verdriet uit mijn hart te krijgen was heel hard werken op het land.

De angst dat Hassan op een dag weg zou gaan en nooit meer terug zou komen vrat aan me. Als hij weg zou blijven zou niemand voor me zorgen. Misschien als ik meer op mijn moeder of mijn oma had geleken, had ik het heft in eigen handen genomen. Had ik hem kunnen verlaten. Zijn regels kunnen negeren. Maar ik zat helemaal vast en durfde niets. Hij isoleerde me en ik bleef. Hij verwaarloosde me en ik bleef. Hij sloeg me zonder reden en ik bleef.

Ik kreeg de daaropvolgende jaren drie kinderen die godzijdank in leven bleven, maar mijn oma stierf. Ik had haar sinds mijn huwelijksdag weinig gezien, omdat Hassan niet wilde dat ik naar haar toe ging. Soms kwam ze een paar weken bij me langs en dan was ik even gelukkig. Ze was mijn alles. Ik hield veel meer van haar dan van mijn moeder. Toen mijn kinderen stierven huilde ik niet. Ik had geduld, ik wist dat het mijn lot was. Maar toen mijn oma stierf was mijn geduld op. Ik kon alleen maar aan haar denken, aan hoe lief ze altijd voor me was. Ze heeft me nooit iets geweigerd, nooit tegen me geschreeuwd. Ze had nog meer kleinkinderen, maar ik was haar lieveling. Ze wilde altijd bij me zijn, ik was haar kleine Mimount en ik miste haar vreselijk. Er veranderde niets aan mijn dagen, behalve dat ik nu boos was als ik opstond en boos het land op ging om te werken.

Een jaar na mijn oma's dood kwam Hassan langs en zei: 'Pak je spullen. Jij en de kinderen gaan mee naar Nederland.'

Nu wordt alles beter, dacht ik. Stromend water, elektriciteit, genoeg geld en een eigen huis. Eindelijk weg van de kritische blikken van mijn schoonfamilie. Op mijn zesendertigste zou ik dan toch nog zelfstandig worden. Mijn eigen baas zijn in mijn eigen huis. Toen ik mijn spullen inpakte had ik een glimlach op mijn gezicht, ik had niets en niemand om te missen.

Vanaf mijn aankomst tot de eerste weken daarna was ik alleen maar verbaasd over Nederland. Er was zoveel luxe in dit land. Overal licht en grote huizen, goede spullen gewoon bij de vuilnis, eten op straat. Het huis vond ik geweldig, alles deed het, ik voelde me rijk. Het was vreemd en heerlijk om in een zacht bed wakker te worden en niet naar het land te hoeven om de hele dag te werken. Maar ik raakte gewend aan het water en de elektriciteit en de luxe. En veel beter werd mijn leven niet, want zo veel tijd met Hassan in één huis zitten betekende dag in dag uit geslagen, geschopt en geduwd worden. Bovendien was hij ontzettend gierig, hij gaf me zo weinig huishoudgeld dat ik nauwelijks genoeg eten kon kopen voor het gezin. Als ik vroeg om meer geld kreeg ik meer klappen.

Ik kwam nauwelijks het huis uit en had geen idee hoe Nederland eruitzag, behalve onze buurt. Als familie of kennissen ons uitnodigden gebruikte Hassan altijd de smoes dat ik ziek in bed lag en hij bij mij moest blijven.

Ik leerde om hem heen te leven. Bij de kleinste veranderingen in zijn gemoedstoestand paste ik me aan. Als hij blij was lachte ik met hem mee, was hij geïrriteerd, dan maakte ik me onzichtbaar. Zijn emoties bepaalden die van mij.

Ik had een manier gevonden om met hem te kunnen leven, maar het ging nog steeds vaak mis. Elk moment van de dag kon het beginnen: als hij maar een beetje aandrang voelde mij te slaan dan deed hij dat, hij sloeg op mijn hoofd, mijn armen, mijn benen, stompte me in mijn buik. Soms gaf hij een reden. Dan had ik bijvoorbeeld volgens hem op straat naar een man gekeken. Als hij geen directe reden had kwam hij met een andere verklaring: 'Ik sla je omdat ik van je hou,' zei hij soms.

'Als je zoveel van me houdt,' antwoordde ik dan, 'kan je beter voor me zorgen in plaats van mijn hoofd kapot te slaan.'

Jaren gingen voorbij. Ik kreeg nog vijf kinderen en probeerde het gezin te onderhouden met het weinige geld dat Hassan me gaf. Hij zei dat er zo weinig voor ons overbleef omdat hij spaarde voor een huis in Marokko, maar ik denk dat hij veel geld aan spullen voor zichzelf uitgaf.

Naarmate de kinderen opgroeiden begon mijn man hen ook te slaan. De oudste kinderen hebben er het meest onder geleden. Abel, mijn oudste zoon, was degene die 's nachts altijd wakker schrok van onze ruzies. Hij probeerde me te helpen. Een keer zag Abdel dat Hassan achter mij stond met een mes. Hij schreeuwde dat ik snel de badkamer in moest gaan en de deur op slot moest doen. Hij zei tegen zijn vader dat hij mij met rust moest laten, dat hij van mij af moest blijven. Maar zelf kreeg hij ook veel klappen. Toen hij nog heel jong was kocht hij een crossfiets van de buurjongen. 's Avonds stond die jongen alweer op de stoep om de fiets terug te halen; hij mocht hem van zijn oma niet verkopen. 'Je krijgt morgen je geld terug,' zei hij tegen Abdel. Hassan wilde dat geld hebben en toen Abdel na twee dagen nog niets had, begon hij op hem in te slaan. Hij wist zeker dat Abdel het geld zelf gehouden had.

Ik was aan het schoonmaken in de keuken en ineens sloeg hij

hem met zijn hoofd tegen de muur. 'Mamma, help me, ik ga dood,' schreeuwde hij. Bloed stroomde uit zijn mond en neus. Ik bewoog niet. Ik was bang dat Hassan harder zou slaan en ook achter mij aan zou gaan als ik mijn zoon hielp.

Abdel is denk ik altijd ongelukkig geweest, ik zag hem nooit lachen.

Vier jaar na mijn aankomst in Nederland kreeg ik op een dag ongelooflijk nieuws. Via, via hoorde ik dat mijn vader naar mij op zoek was. Ik kon niet geloven wat ik hoorde. Na al die jaren zonder een spoor van hem had ik het opgegeven en leren leven met het idee dat ik hem nooit meer zou zien.

Nu, op mijn veertigste kwam de man die ik nooit had gekend en altijd had gemist, plotseling weer in mijn leven. Het enige wat mij verteld werd, was dat hij al die tijd in Algerije had gezeten. In mijn geboortedorp had hij mij via familie weten op te sporen.

Ik wilde meteen naar hem toe, maar Hassan had geen zin om naar Marokko te gaan, dus moest ik wachten. In de tussentijd stuurde mijn vader mij een cassettebandje en foto's. Ik moest drie jaar wachten tot we weer naar Marokko gingen en de hele reis was ik zenuwachtig om mijn vader te zien. We gingen vanuit Nederland naar het huis dat mijn man in Al Hoceima had laten bouwen en van daaruit naar mijn vaders huis in Oujda.

Op het moment dat ik hem zag ging er een droom in vervulling. Ik kon niet stoppen met huilen, ik was gelukkig. Eindelijk iemand die bij mij hoorde. Hij vertelde me waarom hij was gegaan. Hij was weggevlucht voor de armoede en kon het leven met mijn moeder niet aan. Ze was zo heftig dat hij bang voor haar was geworden. Ik zei dat het me niet uitmaakte. Het was voor mij genoeg dat hij er weer was. Hij had een vrouw, maar, behalve mij, geen kinderen. Alleen stiefkinderen omdat de vrouw al eerder getrouwd was geweest. Een van zijn stiefdochters kwam ook langs. Ze noemde mijn vader 'pappa'. Hij was oud en ziek en ik had langer bij hem willen blijven, maar mijn man vond drie dagen lang genoeg en ik moest mee terug naar Al Hoceima.

Mijn vader was woedend. Hij schreeuwde tegen Hassan dat ik niet mocht gaan.

'Ik wil het goed maken met mijn dochter,' zei hij, 'ik moet nog met haar praten. Zij kent mij niet en ik ken haar niet. We hebben tijd nodig!'

Maar mijn man luisterde niet naar hem en nam me mee. We gingen eerst naar Al Hoceima, vandaar uit vertrokken we naar Nederland. Een dag na ons vertrek is mijn vader ons achterna gereisd naar Al Hoceima met een stapel cadeautjes voor mij en de kinderen. Hij had een jas voor mij laten maken. De enige die hij in het huis aantrof was mijn tante, die hem vertelde dat wij een dag eerder waren vertrokken. Toen begon hij te huilen.

Een paar maanden later vond ik een brief in ons huis waarvan ik kon zien dat hij uit Marokko kwam. Hij lag onder een stapel kleren en het was duidelijk dat Hassan had geprobeerd die te verstoppen. Toen ik hem vroeg van wie de brief kwam en wat erin stond zei hij: 'Het gaat over je vader. Er staat in dat als je wilt komen, de deur voor je open staat.'

'Maar waarom dan?' vroeg ik.

'Omdat hij is overleden.'

Ik smeekte hem naar Marokko te gaan. Ik wilde daar zijn waar mijn vader lag, om hem eer te bewijzen en afscheid te nemen. Het enige wat Hassan zei, was: 'Hij is toch al dood en ik heb niets met hem te maken.'

Ik kon niet alleen gaan, ik had geen geld, ik wist niet hoe. Alles wat er van mijn vader over was, was het enorme verdriet dat ik voelde. De daarop volgende weken heb ik zonder ophouden gehuild en daarna is de tijd eroverheen gegaan.

Toen de kinderen ouder werden, werd het nog moeilijker. Hassan liet ze niet met rust, nu verpestte hij niet alleen mijn leven, maar ook dat van hen.

Abdel raakte aan de drugs en ik kwam erachter dat hij dingen uit het huis verkocht om drugs te kopen. Ik verstopte alle waardevolle spullen. Een van mijn oudste dochters nam een overdosis slaappillen in nadat Hassan haar heel erg geslagen had. Gelukkig vond ik haar op tijd. Ik ging zo snel als ik kon met haar naar mijn huisarts, onderweg deed ik alles om haar wakker te houden. De huisarts wist van onze toestand. Ze stelde me voor bij mijn man weg te gaan en zei dat zij wel een plek kon regelen. Maar ik kon niets meer. Ik was verlamd door verdriet.

Vlak na dit incident dwong Hassan mijn dochter om te trouwen met de zoon van zijn collega. Ze was zestien en haalde goede cijfers. Een van de leraren deed zijn best haar op school te houden. Hij vroeg haar of haar vader haar tot een huwelijk dwong. Ze wist dat ze de waarheid niet kon zeggen.

Ze maakt me nog altijd verwijten. Ze is getrouwd om mij te beschermen. Omdat ze wist dat als ze ongehoorzaam zou zijn, ik Hassans woede over me heen zou krijgen. Ze had haar school af willen maken, net als haar jongere zusjes. Ik zei haar dat het haar lot was om zo vroeg te trouwen. Ze was beter af dan thuis bij Hassan en de man die haar ten huwelijk vroeg leek goed.

Iedereen in het gezin ging gebukt onder Hassans woede. Ik voelde me er niet tegen opgewassen, maar had ondanks het geweld het gevoel dat ik bij mijn man moest blijven. Ik kon me geen ander leven voorstellen. Misschien was ik er wel te veel aan gewend geraakt. Hoe ik de jaren ben doorgekomen weet ik niet zo goed meer. Ik huilde dagenlang: als ik opstond, als ik kookte. Ik was nooit zonder tranen. Mijn kinderen maakten me gelukkig en verder dacht ik nergens aan. Soms, als Hassan weer tekeerging, dacht ik 'nu doe ik het, nu ga ik weg', maar ik hoorde veel slechte verhalen over vrouwen die wegliepen. Vaak vond de man ze dan toch weer en werden ze naar Marokko gestuurd. Of ze raakten aan lager wal. Ik durfde niemand te vertrouwen, zelfs de huisarts niet. Maar ergens diep vanbinnen tikte een klok en wist ik dat er een einde aan zou komen.

De dag dat ik besloot weg te gaan leek een dag te worden als alle andere. Hassan werd wakker om te ontbijten en de koffie was op. Hij werd woedend en er ontstond een ruzie. Ik had het lef om tegen hem te zeggen dat ik het zat was. Ik zei: 'Als je meer koffie wilt, moet je me geld geven. Ik heb genoeg van je gierigheid.'

Hassan had me opdracht gegeven zijn bankpasje te verstoppen voor Abdel, dus ik wist precies waar het lag en pakte het. Ik zei tegen hem dat hij me dit niet altijd aan kon blijven doen. 'Alles is op,' zei ik. 'Alles is op en je geeft me geen geld om iets te kopen. Ik geef mijn dochter het pasje, laat haar boodschappen voor ons doen.'

Hij wilde zijn pasje terug en er ontstond een worsteling. Uiteindelijk lukte het me het pasje aan mijn dochter te geven. 'Koop maar wat we nodig hebben,' zei ik.

Ze ging de deur uit en de ruzie ging door. Ik zei: 'Ik krijg toch ook geld van de sociale dienst, waar laat je dat? Wat doe je met het geld dat ik en de kinderen horen te krijgen?'

Toen ik dat gezegd had greep hij me bij de keel en deed de deur op slot. Hij smeet me op de grond. Ik kwam zo hard op mijn hoofd terecht dat ik dacht dat mijn schedel zou breken. Met één ruk aan mijn arm brak hij mijn pols. Toch lukte het me om naar de sleutel te grijpen en de deur open te doen. Ik wist dat hij achter me aan zou komen en was er zeker van dat mijn laatste uur geslagen had. Snel zei ik de geloofsgetuigenis: 'Ik getuig dat er geen God is dan Allah en ik getuig dat Mohammed Zijn profeet is.'

Op dat moment kwam mijn dochter binnen. Ze zag mij liggen, greep de telefoon en belde de politie. Die kwam meteen en trof mij gewond aan. Ze vroegen me of ze Hassan moesten meenemen naar het bureau. Ik antwoordde dat het zijn huis was en dat ik wel weg zou gaan. Ze vroegen me of ik aangifte wilde doen en ik zei ja.

Ik raapte wat spullen bij elkaar. Hassan probeerde de boodschappen die mijn dochter had gehaald nog te pakken, maar een politieagente zag dat en schreeuwde dat hij dat moest laten. Mijn dochter pakte de boodschappen en we gingen met de agenten mee. Zij brachten me naar het ziekenhuis en daar werden mijn wonden verzorgd. Ik kreeg een pilletje om te kalmeren en ging naar het huis van een van mijn dochters. Daar kwamen de andere kinderen ook naar toe.

Een paar dagen later kreeg ik een uitnodiging van het Marokkaanse consulaat voor een verzoeningspoging. Het Marokkaanse consulaat bemiddelt bij getrouwde stellen tussen wie het dreigt mis te lopen. Toen ik binnenkwam zat Hassan er al. Ik zag meteen dat hij een spelletje ging spelen. Hij deed vriendelijk tegen mij en vroeg me of ik bij hem terug wilde komen. Al die jaren daarvoor zou ik het gedaan hebben. Ik ben altijd bang geweest om hem echt te verlaten, maar nu was ik niet bang meer. Ik zei: 'Nee, dat kan niet.'

De bemiddelaar kwam met het voorstel om een contract op te stellen waarin mijn man moest beloven dat hij mij niet meer zou slaan. Ik zei dat dat geen zin zou hebben. Het ligt in zijn aard, hij zal nooit veranderen.

Toen de vriendelijke aanpak niet bleek te werken probeerde Hassan het anders en begon hij tegen de bemiddelaar te klagen dat het allemaal aan mij lag. 'Ze heeft het in scène gezet,' schreeuwde hij. 'Ze doet alsof, ze liegt!'

Daarop begon de bemiddelaar ook te schreeuwen. Dat een vrouw niet zo behandeld dient te worden, dat vrouwen vrijheden hebben, dat vrouwen geen dieren zijn.

Ik hoorde alles aan met een leeg hoofd, maar één ding was duidelijk: ik kon niet terug, het zou mijn dood worden.

De bemiddelaar vroeg me of ik weg wilde bij mijn man. 'Ja,' zei ik, 'dat is wat ik wil.' Hij vroeg ook of ik in de tussentijd toestemming gaf voor een andere vrouw voor mijn man. Hassan kon waarschijnlijk niet wachten om een nieuwe vrouw uit Marokko te halen. Mij kon het niets schelen.

Ik zei: 'Ja, tien als hij wil. En hij mag alles houden, zolang ik maar bij mijn kinderen mag blijven.'

Toen ik dat zei boog Hassan zich naar me toe. Ik schrok. Wat moet hij nu weer van me? dacht ik.

Hij keek me recht in mijn ogen en zei: 'Je bent een goed mens. Jij gaat naar de hemel.'

Daarna gaf hij me een zoen op mijn voorhoofd.

Ik was alleen maar blij dat ik na al die jaren mijn rust zou krijgen. Ik durfde bij hem weg te gaan en er was geen weg terug. Ik keek hem aan en zei: 'Gefeliciteerd.'

Verder had ik niets te zeggen. Ik was zestig en vrij. Die dag kon mijn leven beginnen.

Het is rustig nu. Elke dag dank ik God dat ik vrij ben. Ik weet dat mijn kinderen mij dingen kwalijk nemen, maar wat kan ik daaraan doen? Misschien had ik eerder weg kunnen gaan, maar waar kon ik heen? Familie is familie, je verlaat je man niet zomaar. Een van mijn dochters is een paar jaar na haar uithuwelijking gescheiden. Ze haatte haar man. Hassan heeft haar toen bedreigd met een mes, waar haar kinderen bij waren. Daar hebben ze nog steeds nachtmerries van. Maar toch zei ik haar dat ze haar vader moest vergeven. Ze moet accepteren dat je vader je vader is, ook al is hij slecht.

De tijden zijn veranderd, mijn dochters kunnen nu doen wat ze willen. Ze mogen trouwen met de man van wie ze houden, maar van mij hoeven ze niet. Ik zal ze nergens toe dwingen. Voor hen is alles anders dan voor mij. Ze snappen misschien niet hoe groot het verschil is.

In mijn tijd mocht een getrouwde vrouw in de Rif nergens heen, ook al werd ze uitgenodigd door familie. Als haar man er niet bij was mocht het niet.

Er bestonden moeilijke regels over welke mannen welke vrouwen niet mochten zien. Iedereen moest zich verstoppen voor elkaar. Die mag je niet zien, en die mag jou niet zien. Sinds wij Marokkanen in Europa leven, is alles anders. Wij rijden nu in bussen en auto's. We nemen gewoon de tram voor de boodschappen. Denk je dat het vroeger normaal was voor een vrouw om vervoerd te worden in een auto? Er werd meteen over geroddeld. 'Kijk, dat is de autovrouw.' Er was een vrouw in het dorp die heel ziek was, maar ze weigerde in de auto te stappen om naar de dokter te gaan, want ze wist dat mensen dan over haar zouden praten. Pas toen ze echt niet meer kon stapte ze in. Ze stierf onderweg.

Het is niet te vergelijken. Hoe slecht je het hier als vrouw ook hebt, je hebt het altijd beter dan daar. Ik hoop dat mijn dochters voor zichzelf leren zorgen, dat ze nooit hun hand hoeven ophouden. De jongsten studeren nu, eentje is bijna klaar met haar studie medicijnen. Een dokter in de familie, daar ben ik trots op.

Ik praat niet vaak over het verleden met mijn kinderen. Het verandert niets.

Mijn oudste dochters zijn soms boos. Zij hadden ook willen studeren, iets meer van hun leven willen maken. Maar dingen gaan niet zoals je wilt, het lot bepaalt.

Zaynab (1978)

Vlak na de scheiding merkte ik een enorme verandering aan mijn moeder. Zoals ze nu is, zo was ze vroeger helemaal niet. Tijdens het huwelijk mocht ze niets. Ze kwam bijna nooit buiten, zelfs uit het raam kijken was haar verboden en haar familie werd uit haar buurt gehouden. Nu is ze sociabr en veel makkelijker in de omgang met mensen, ze maakt zelfs grapjes. Pas sinds de scheiding heb ik echt contact met haar. Maar over het verleden praten we niet, dat vindt ze niet leuk. Ik eigenlijk ook niet. Nu het goed met ons gaat wil ik geen vervelende dingen oprakelen.

Ik ben nu zevenentwintig en ondanks het slechte huwelijk van mijn ouders wil ik heel graag trouwen en kinderen krijgen.

Ik ben alleen heel zorgvuldig in mijn keuze. Verliefd zijn of houden van is niet genoeg. Mijn man moet mijn wederhelft zijn, helemaal bij mij horen, anders begin ik er niet aan. Ik heb niet veel met Marokkaanse mannen. Elke keer als ik een Marokkaanse man leerde kennen dacht ik: hij zou mij kunnen gaan slaan, en dan werd ik bang. Ik heb het geprobeerd, maar ik val nu gewoon niet meer op Marokkanen, ik kan het niet.

Dat mijn moeder na zoveel jaar toch bij mijn vader weg is gegaan komt vooral door mijn zusje Siham. Zij heeft uiteindelijk de stap gezet om de politie te bellen. Ze zei tegen mijn moeder: 'Klaar, nu ga je scheiden!' Zij heeft zich daar heel lang schuldig over gevoeld, ook al zag ze dat het beter was voor mijn moeder. Ze had het gevoel dat ze haar vader iets vreselijks had aangedaan. Toen ze het schuldgevoel niet meer aankon is ze hem gaan opzoeken en heeft ze hem gevraagd haar te vergeven. 'Ja joh, maakt niet uit,' was zijn antwoord. Pas toen voelde ze zich bevrijd. Siham had wel echt een band met haar vader. Zij was de enige die lak aan alles had. Ze kon ook alles doen wat ze wilde en mijn vader vond het niet erg. Toen hij een keer een pakje sigaretten bij haar vond, zei hij: 'Ach, zo was ik vroeger ook.'

Hij behandelde niet alle kinderen hetzelfde. Mij zou hij hebben geslagen. Hij ging al door het lint toen hij een keer dacht dat ik mijn wenkbrauwen epileerde. En mijn oudste zus Samira kreeg vaak klappen zonder dat ze ook maar iets had gedaan. Zij is uiteindelijk tegen haar wil getrouwd, emotioneel gedwongen door mijn moeder die heel dramatisch deed: 'Het komt door jou dat hij ons slaat. Trouw met hem, dan komt alles goed. Dan zal hij ons allebei niet meer slaan.' Samira heeft dagenlang gehuild en uiteindelijk maar ja gezegd. Haar huwelijk is ook niet goed nu. Ze zit er nog steeds mee, maar ze neemt het haar moeder niet kwalijk, denk ik. Toen Samira wegging, trouwde Latifa ook meteen, want ze wilde zonder haar niet thuis blijven, ze schelen maar een jaar. Latifa is gelukkig wel getrouwd met iemand die zij leuk vond. Ik ben blij dat ik niet heb hoeven trouwen zoals mijn zussen. Zij hebben niet de mogelijkheid gehad om alles te verwerken. Zij moesten meteen vanuit zo'n slechte thuissituatie een gezin stichten en dat zie je aan de manier waarop zij met hun kinderen omgaan. Daarom neem ik de tijd.

Het was vroeger echt chaos bij ons, ieder voor zich en niemand hielp elkaar, terwijl we het allemaal moeilijk hadden. We hadden geen steun aan elkaar. Abdel werd het meest mishandeld omdat hij zelf ook geen lieverdje was. Hij stal al op jonge leeftijd. Toen ik zeven was zette hij me in de supermarkt en zei tegen mij: 'Dit moet je stelen.' Ik deed het, maar werd meteen betrapt en begon te huilen. Later op de dag zei hij: 'Jij verpest alles, ik neem jou nooit meer mee.' Het is eigenlijk nooit goed met hem gegaan. Eerst stal hij voor het geld, later raakte hij aan de drugs. Hij zit nu in een open kliniek en langzaamaan gaat het beter.

Ik ben altijd heel erg teruggetrokken geweest. Maar soms kon ik ineens schreeuwen en uitvallen tegen iemand. Daardoor vond de rest van het gezin mij gemeen. Maar dat deed ik alleen omdat ik gekwetst was. Ik kon me niet anders uiten. Mijn oudere zus Karima is de enige in de familie die redelijk ongeschonden is gebleven. Zij heeft alleen last van lichte angstaanvallen. Misschien heeft zij een sterker karakter waardoor ze bestand was tegen wat er gebeurde. Bij Karima kon ik uiteindelijk terecht met mijn gevoelens, zij was de rustigste. Op mijn negentiende heb ik haar mijn grootste angst verteld: dat ik misschien schizofreen zou zijn. Ik vertelde het haar 's nachts, we lagen allebei in bed. Even later stond ze op om het licht aan te doen en toen zag ik dat ze had liggen huilen.

Met mijn vader heb ik totaal geen band. Ik heb maar twee leuke jeugdherinneringen aan hem. Een keer toen we met z'n allen naar de kinderboerderij gingen. En ik herinner me dat we samen op de markt waren omdat ik een jas nodig had. Het was ijs- en ijskoud en om warm te blijven gaf hij me een hand. Dat waren de contacten tussen mijn vader en mij. Hij heeft een paar keer geprobeerd mij te slaan. Toen ik vijftien was en wij ergens in het huis herrie aan het maken waren kwam hij op mij af. Ik rende naar het balkon en maakte me klein op de grond. Hij zag hoe bang ik was en gaf me maar een paar klappen. Ik was als de dood. Die angst was zó ongelooflijk groot. Het voelde alsof ik helemaal kapotgeslagen werd. Ik rende het huis uit en maakte een rondje door de buurt. Toen werd ik wat rustiger.

    Het was heel moeilijk om in ons gezin op te groeien, maar ik heb nooit overwogen om weg te lopen. Ik was een bang type, niet zelfstandig genoeg om zo te denken. Ik was lange tijd heel naïef over de situatie. Als er geen ruzie was, dacht ik dat het goed ging met ons gezin. Maar toen ik ouder werd kon ik er niet meer tegen dat mijn moeder zoveel werd geslagen. Rond mijn negende had ik vaak ruzie met haar. Ik zei dan tegen haar dat ik haar haatte en niet meer wilde zien. Zij sloeg mij soms ook. Andere dagen probeerde ik lief te zijn voor mijn moeder. Dan stond ik vroeg op en zette koffie voor haar. En als ik ergens op straat geld vond, gaf ik het aan haar.

Ik wilde zo graag dat ze van mijn vader ging scheiden. Thuis was ik altijd angstig en ik heb me er nooit veilig gevoeld. Er kon altijd ineens iets misgaan, er dreigde altijd gevaar.

Toen ik negentien was ging het echt slecht met mij. Ik raakte helemaal ontspoord. Ik heb toen iemand beroofd, met geweld. Ik heb een vrouw met een kleine knuppel tegen haar kuit geslagen, omdat ik weet dat het daar niet echt pijn doet en ik haar een beetje wilde sparen. Ik kan me herinneren dat ik dat allemaal deed, maar tijdens het verhoor vergat ik heel veel dingen. De dingen die de rechercheur zei leken me opeens totaal vreemd. Ik dacht: heb ik dat allemaal gedaan? Heb ik dat gezegd? Ook de periode er vlak voor was heel raar. Ik had het allemaal gepland want ik wilde per se opgepakt worden. Het ging me echt niet om het geld, hoewel ik dat niet had, en ook niet om het geweld. Achteraf denk ik dat ik de beroving heb gepleegd omdat ik graag aandacht wilde, ik wilde gezien worden, ik was heel erg in de war. Mijn vader wilde namelijk dat ik ging trouwen met een jongen die een bruidsschat van tienduizend gulden zou betalen. Hij heeft me niet letterlijk gedwongen maar dat hij me voor geld weg wilde doen deed me zo'n pijn. Hij zei steeds: 'Ja maar die man gaat me tienduizend gulden geven!' Dus toen ik die overval pleegde dacht ik: het maakt toch allemaal niet meer uit, ik moet trouwen.

Mijn moeder heeft pas na de beroving ingezien hoe slecht het met me ging en hoe ontspoord ik was. 'Je was kwijt,' zegt ze vaak over die tijd.

Ik weet nu wat het was. Al sinds mijn jeugd heb ik last van angststoornissen. Ik had van jongs af aan een heel kwetsbare persoonlijkheid. En zulke kinderen kunnen instabiel raken als de omgeving onveilig is. Ik was als kind heel stil, ik keek altijd naar de grond. Ik weet nog dat ik volwassen mensen zag als enorm groot. Veel te groot voor mij. Mijn moeder had niets in de gaten. Zij zei altijd: 'Mijn Zaynab, dat is pas een rustig meisje.' Pas toen een oom tegen haar zei dat je juist voor de kinderen die heel stil zijn moet vrezen, begon ze te twijfelen. Ze zegt nu: 'Ik wist het niet. Ik vond je gewoon een goed en rustig meisje.'

Na een week in een politiecel moest ik naar een internaat. Daar moest ik normale dingen doen zoals mijn kamer schoonmaken. Maar ik kon het niet, ik zag tegen alles op, elke taak was te groot voor mij. Ik besefte dat er iets heel erg mis was met mij. Ik ging zoeken, want ik wilde mezelf ontcijferen. Eerst dacht ik dat ik schizofreen was. Een schizofreen doet mensen na dus ik dacht: ik heb mijn broer nagedaan. Hij heeft namelijk ook iemand met geweld beroofd op zijn negentiende. En mijn moeder zei soms tegen mij: 'Je bent gek.' Omdat ik altijd hysterisch reageerde als ik geslagen werd. Misschien ben ik dat wel, dacht ik toen. Helemaal gek. Ik had ook last van driftbuien. Als ik huilde ging ik stampen en met deuren slaan. Het zat gewoon in mij, ik kon er niets aan doen. Het ging altijd zo: ik voelde me gekwetst, ging huilen, kreeg een driftbui, dan werd ik angstig en dan sloot ik mezelf op in mijn kamer. Ik ging dan muziek luisteren en dromen. Ik droomde dat ik een vriendje had, dat ik de mooiste van de klas was, dat ik een fiets kreeg. Alleen zo kon ik een beetje gelukkig zijn. Vaak gingen mijn dromen over de muziek waarnaar ik luisterde: op een podium staan en zingen.

Ik sliep 's nachts nooit, want ik was altijd muziek aan het luisteren. Als de zon opkwam, ging ik naar beneden om koffie te zetten en dan dacht mijn moeder: o, wat ben je vroeg op, netjes! Terwijl ik de hele nacht niet had geslapen. Daarom was ik op mijn negentiende nog klein, ik ben pas daarna gegroeid. Toen moest ik wel slapen, ik was te ziek geworden.

Het ging na mijn eerste celstraf weer mis met mij. Nadat ik voor de tweede keer was opgepakt door de politie kreeg ik contact met een rechercheur. Tijdens de verhoren vroeg hij naar mijn gevoelens. Ik was zo geschrokken! Het leek wel of hij een pijl in mijn hart schoot: iemand vraagt naar mijn gevoelens! Ik had dat nog nooit meegemaakt. Hij was ook de enige die mij had zien huilen. Ik begon hem brieven te schrijven. Eerst omdat ik me wilde verontschuldigen voor het feit dat ik niet was komen opdagen voor een afspraak op het bureau. Maar daarna vertelde ik hem alles, over het verleden, de dingen die ik heb gedaan en waarom ik ze heb gedaan. Het schrijven was een soort verwerkingsproces. Ik moest ook elke keer huilen als ik iets schreef, ik werd kwetsbaar. Het voelde alsof ik voor het eerst echt contact had met mijzelf, daarvoor was mijn hart van steen. Ik bleef het hele jaar door schrijven. In dat jaar praatte ik zo min mogelijk. Ik wilde alleen maar schrijven en dacht dat ik mezelf kapot zou maken als ik zou praten.

Inmiddels weet ik dat ik een persoonlijkheidsstoornis heb. Ik heb veel vragen over het verleden en die gaan we behandelen bij de psycholoog als ik emotioneel stabiel ben.

Mijn moeder kan ik niets kwalijk nemen: zij was zichzelf niet in dat huwelijk. Wel heb ik vaak gedacht: waarom ben je niet eerder van hem gescheiden, toen wij nog klein waren? Maar zo zit ze niet in elkaar. Zij is ouderwets opgegroeid en heeft geen Nederlandse mentaliteit. In Marokko blijf je gewoon bij elkaar, ook al is het huwelijk vreselijk. Onze generatie doet dat niet. Zelf zegt ze daarover: 'Als ik dat had gedaan, zaten jullie nu allemaal in een internaat.' Maar ik denk dan: nou en? Dat was juist leuk: het eten was lekker, het was gezellig en je hebt je eigen kamer.

Mijn vader is nu opnieuw getrouwd en heeft met zijn nieuwe vrouw twee kinderen gekregen. Hij is nog steeds dezelfde man. Hij wil geld van ons zien, maar omdat mijn ouders gescheiden zijn kan hij niets meer van ons verlangen. Zijn nieuwe vrouw mishandelt hij ook, mijn broertje is daarvan getuige geweest. Bovendien horen we roddels dat er politie bij hen op de stoep staat.

We zijn het er allemaal over eens dat hij ziek is. Maar iedereen gaat er anders mee om. Samira spreekt nog met hem af en belt hem regelmatig. Net of ze alles wat ze gemist heeft toch wil hebben. Ze wil erkenning van haar vader. Mijn broertje is minder consequent. Hij zegt dat hij contact met hem wil houden zodat hij later in zijn huis kan wonen, als hij overlijdt. Dan zegt hij weer: 'Ik heb geen zin meer in hem.' En dan gaat hij later toch weer op bezoek. Abdel is blij met het contact met zijn vader. Hij schrijft hem regelmatig brieven vanuit de gevangenis. Maar zijn bewakers vinden het niet goed dat hij contact met hem heeft. Ze vinden dat hij de oorzaak is van Abdels ellende. Toen zijn vader hem een brief stuurde, hielden ze die tegen. Mijn zus zegt dat hij ziek is maar ook gemeen. Het liefst zou ze hem een brief willen schrijven en vertellen wat ze van hem vindt.

Ik, ik laat alles aan God over. Ik heb het hem vergeven vanwege mijn geloof. Nee, vergeven is een te groot woord, ik heb het gewoon aan God overgelaten, dan zit je niet met haat. Dan zit je met niets.

ATIKA (1956)

*Al heel jong wist ik dat ik mijn eigen weg wilde gaan,
zelf het leven ontdekken.*

Ik verwachtte niets van Nederland toen ik hierheen kwam. Ik wilde verder met mijn leven en vond het een avontuur om uit Marokko weg te gaan. Mijn broer had me verteld over kaas en sneeuw en vrijheid, de rest heb ik zelf geleerd. Ik ben hier getrouwd, heb kinderen gekregen, maar Marokko is mijn land, mijn hart. Zolang ik daar weg ben is mijn hart verdeeld.

Ons gezin was altijd onderweg. Casablanca, Rabat, Meknes, Fes. Steeds als we ergens gewend waren, was het: één-tweedrie, tassen pakken en weer verder. Mijn vader was handelaar en verkocht zijn spullen in verschillende steden. Hij leefde met de dag, was altijd vrolijk en maakte overal vrienden. Mijn moeder hield niet van reizen. Ze wilde op één plek blijven, niet altijd maar weer de spullen inpakken en verhuizen. Jarenlang is zij achter mijn vader aangereisd, met negen kinderen, ik ben de jongste. Ze versierde de Marokkaanse jurken die hij verkocht, naaide er knoopjes en stiksels op. Daar was ze goed in. Er kwamen meisjes bij ons thuis die het van haar leerden, ze heeft het mij ook geleerd. Daarnaast had ze haar handen vol aan het huishouden. Het was altijd druk bij ons thuis. Mijn vader raakte snel aan de praat met mensen en nam vaak klanten uit de winkel mee naar huis voor het eten: uit Syrië, Algerije, Saudi-Arabië. Mijn moeder zuchtte als hij weer met onbekenden binnenkwam. Ze was wel gastvrij, maar hield niet zo van vreemden om zich heen. Vergeleken met mijn vader was ze erg serieus, maar als ze lachte was het heel echt, van binnenuit. Hoewel ze op het eerste gezicht terughoudend was, stond ze open voor iedereen. Daarin leken zij en mijn vader op elkaar. Als kind was ik vaak in de winkel om naar de toeristen te kijken. Mensen uit Duitsland, Nederland, Engeland. Ik praatte met hen met handen en voeten. Iedereen die binnen kwam aaide mij over mijn haar en mijn wangen. 'O, mooie ogen, mooi haar,' zeiden ze dan. Ik verstond er niets van, maar ik vond hun blonde haren zo mooi dat ik in de winkel bleef om naar hen te kijken.

Van alle steden waar we hebben gewoond voelt Meknes als mijn 'thuis'. Daar ben ik geboren. Maar ook Fes betekent veel voor mij. Daar staat het huis dat mijn betovergrootvader heeft gekocht voor zijn erfgenamen en dat nog steeds voor een deel van mij is. Familieleden die het moeilijk hebben mogen er wonen en de rest wordt verhuurd. De opbrengst van die huur wordt weer verdeeld onder de erfgenamen. Het is een typisch Marokkaans huis, ruim en licht met veel oude tegels en enorme houten deuren.

Mijn vader is in Fes geboren als zoon van een rijke boekhouder en een slavin. Zijn moeder kwam ooit met haar moeder voor een paar dagen van het platteland naar de stad en bij de Moulay Idriss-moskee was ze plotseling verdwenen. Of ze verdwaald is en toen meegelokt of gewoon ontvoerd, weet ik niet. In ieder geval kwam ze in handen van een mensenhandelaar die haar heeft doorverkocht aan een rijke familie in Fes. Ze heeft jarenlang voor hen gewerkt tot, rond haar veertiende, mijn opa haar ten huwelijk vroeg. De regel was dat een slavin die ten huwelijk werd gevraagd haar vrijheid terugkreeg als ze trouwde. Mijn opa was een bemiddeld man en het was ongebruikelijk dat een man met geld om de hand van een slavin kwam vragen, maar daar trok mijn opa zich niets van aan, hij wilde haar. Behalve mijn oma had hij nog vier andere vrouwen, met wie hij elk zeven of acht kinderen had. Met haar kreeg hij alleen mijn vader. De vijf vrouwen woonden in één huis en alle kinderen groeiden samen op. Toen mijn vader acht was, werd zijn moeder ziek en stierf. Een van de andere vrouwen heeft voor hem gezorgd tot hij volwassen was. Zij zei vroeger altijd dat ik op mijn oma leek, dezelfde donkere huidskleur en haar gladde haar. Dat vond ik leuk om te horen, dat ik op iemand leek.

Mijn vader heeft de familie van zijn moeder nooit leren kennen, hij wist niet eens waar ze vandaan kwam en daar is hij ook nooit achter gekomen.

Ook mijn moeder groeide op met familie van maar één kant, bij haar was het alleen die van haar moeder. Haar vader kwam uit een klein dorp in de woestijn van Algerije. Een hard leven: elke dag van 's morgens vroeg tot 's avonds met de kudde schapen op pad. Hij wilde geld verdienen, een eigen bestaan opbouwen, maar dat was onmogelijk daar. Toen hij twaalf was is hij met een paar vrienden weggelopen, door de woestijn naar Marokko. Ze hebben er drie of vier maanden over gedaan en belandden uiteindelijk in Fes, waar hij op de markt aan het werk ging. Na een paar jaar werken had hij genoeg gespaard om voor zichzelf te beginnen en te trouwen. Mijn ouders woonden bij elkaar in de straat. Hun ouders waren bevriend en zo zagen mijn vader en moeder elkaar af en toe. Toen zijn stiefmoeder het tijd vond voor mijn vader om te trouwen, stelde zij mijn moeder voor. Hij wilde dat wel en zo zijn zij aan elkaar gekoppeld. Pas toen mijn moeder met mijn vader trouwde heeft ze haar Algerijnse familie leren kennen. Mijn vader ging naar hen op zoek en vond haar opa en ooms en tantes. Die heeft ze toen opgezocht in Algerije.

Mijn man zegt altijd dat ik een aparte mix ben: kwart slavin, kwart Algerijns, half Marokkaans en nu een Nederlander.

Het vele verhuizen is voor mij nooit een probleem geweest; ik was een kind dat zich overal snel aanpaste en makkelijk werd geaccepteerd. Met acht broers en zussen boven je leer je jezelf wel te laten zien. Ik zat nooit in een hoekje en deed meteen mee als ik op een nieuwe plek kwam. Ik was heel onderzoekend, wilde zelf uitvinden hoe de dingen zaten. Een gewoon verbod was voor mij niet genoeg. Ik stelde altijd vragen, moest weten waarom iets niet mocht. Een zus van mij zei: 'Jij bent de jongste, je hebt van ons allemaal iets gepakt en daar ben je de combinatie van.'

We gingen goed met elkaar om, de broers en zussen, maar ik moest wel mijn best doen voor mijn eigen plek in het gezin.

Wat ik goed vind van mijn ouders is dat ze ons overal naar school hebben gestuurd, ook de meisjes. Het begon voor mij toen ik vier was met de koranschool in Casablanca. Dat was eigenlijk een soort crèche waar de kleine kinderen verzameld werden zodat de moeders hun handen vrij hadden. We zaten daar hele dagen en leerden het Arabische alfabet en koranteksten reciteren. De leraar schreef een hoofdstuk op en dat moesten wij dan uit ons hoofd leren, heel letterlijk. Omdat het zo warm was en de lessen monotoon, vielen de kinderen een voor een in slaap. De leraar sloeg dan, heel hard, vlak voor je neus met zijn stok in het zand en daar schrok iedereen van wakker. Ik was doodsbang voor hem, maar als ik er nu aan terugdenk was hij wel lief. Hij deed echt zijn best ons iets te leren en we mochten tussen de lessen door veel buiten spelen voor de deur van de moskee.

Op mijn zesde ging ik naar de basisschool. Vanaf toen kreeg ik mijn lessen in het Frans. In de vakanties hielpen we onze vader in de winkel, maar ik zat liever op school.

We woonden in die tijd in een klein huis in Casablanca. Er was een slaapkamer voor mijn ouders en een voor de kinderen. We aten in de hal. De kamer waarin wij sliepen moest elke ochtend helemaal opgeruimd worden zodat, als er visite kwam, zij daar konden zitten. Elke ochtend, voordat we ontbeten, bouwden we heel snel de kamer om. Pas als het leek alsof er nooit iemand had geslapen gingen we naar school.

Atika en haar jeugdvriendinnen

Ik heb een goede kindertijd gehad. Als jongste leerde ik veel door te kijken naar de fouten die mijn oudere broers en zussen maakten, en ik wist al vroeg dat ik mijn eigen weg wilde gaan, zelf het leven wilde ontdekken. Op mijn achtste verhuisden we met de vijf kinderen die nog thuis woonden naar Meknes. Daar heb ik anderhalf jaar op school gezeten, toen gingen we naar Rabat en een jaar later weer terug naar Casablanca, waar we zijn gebleven.

Elk jaar was er een grote beurs in de stad waar internationale bedrijven hun producten kwamen promoten. De eerste keer dat we daarheen gingen vergeet ik nooit. Mijn zussen en ik droegen die dag onze fruitjurken, die had mijn moeder met mijn zus gemaakt van stof met bananen en aardbeien erop.

Bij de ingang van de beurs kocht je een kaartje en dan mocht je overal naartoe. Het was de eerste keer dat ik chips zag. Ze deelden zakjes uit bij een Italiaanse stand en alle kinderen die voorbij kwamen kregen er een. Ik was stomverbaasd om aardappels zo te zien, zo dun, ik vond het geweldig. Als ik nu chips zie denk ik daar nog steeds aan, hoe lekker ze smaakten de eerste keer dat ik ze at. Op de beurs zag ik ook voor het eerst Chinezen. Ze hadden uitgeblazen beschilderde eieren in hun kraam. Dat was heel indrukwekkend, elk jaar zocht ik hun kraam op om naar die eieren te kijken.

Een voor een trouwden mijn broers en zussen en het werd steeds stiller in huis. Ik was als jongste altijd samen met mijn moeder en ging vaak alleen met haar op pad. Ze had reuma en kreeg daar steeds meer last van. Als we naar de hammam gingen moest ik haar wassen omdat ze te veel last had van haar vingers.

Maar zodra ik de hammam binnenkwam was ze me kwijt. Ik ging voor iedereen water halen; oudere vrouwen, zwangere vrouwen, zieke vrouwen. Ik vond ze zo zielig. En dan hoorde ik mijn moeder door de hammam schreeuwen: 'ATIKA!'

Tijdens het wassen werd er veel geroddeld. Wat die buurvrouw had gedaan en die tante gezegd. De hammam was de plek waar vrouwen ontspannen samenkwamen. Toen ik net borsten kreeg praatten mijn vriendinnen en ik over onze lichamen, hoe ze groeiden en hoe ze er later uit zouden zien. Wij waren vrijer dan de oudere vrouwen, die zo kuis waren opgevoed dat ze altijd in een grote onderbroek en met een waterbakje voor hun kruis liepen.

De hammam was ook een plaats waar voorlichting werd gegeven aan vrouwen. Dat was de manier om vrouwen te bereiken zonder tussenkomst van de mannen. Op een dag kwam er een vrouw in witte kleren langs. Ik was toen jong en bang voor haar. Ik begreep niets van wat ze vertelde. Zij kwam voor vrouwen die veel kinderen kregen, dat was duur voor de samenleving. Ze gaf uitleg over de pil en hoe die gebruikt kon worden. Mijn oudere zussen kregen zeven of acht kinderen omdat de pil nog als haram, verboden, werd gezien maar mijn jongere zussen gebruikten hem wel en kregen allebei maar twee kinderen.

Na de basisschool ging ik naar de Franse middelbare school om mijn baccalaureaat te doen, dat was een leuke tijd. Ik had veel vrienden. Na school ging ik naar het conservatorium om lessen te volgen in luit en zang. Muziek maken, dansen en zingen vond ik geweldig, dat was een belangrijke uitlaatklep voor mij. Een van mijn broers ging in die tijd naar Nederland om te werken. Hij werd daar verliefd, trouwde een Nederlandse vrouw en kwam af en toe met zijn nieuwe gezin naar Marokko. Dan nam hij kaas mee en vertelde dat Nederland koud was, maar dat de mensen vriendelijk waren en dat er sneeuw viel en er ijs op het water lag. Ik kon me daar weinig bij voorstellen en had in die tijd nog geen idee dat ik er ooit zou gaan wonen. Een van mijn zussen ging naar de kunstacademie in Frankrijk en zowel zij als mijn broer stuurde geld naar mijn ouders.

Conservatorium van Casablanca, 1980

Na een paar jaar school besloot ik dat ik ook iets wilde bijdragen aan het huishouden. Ik wilde geld verdienen. Mijn vader vond het onzin, maar ik stopte met school en ging in een kledingfabriek werken. Dodelijk saai en slecht betaald werk: elke ochtend lagen er bergen pas genaaide kleding in een hal en daar moest ik de pluisjes en losse draden vanaf halen. Het waren lange dagen en de chef hield heel streng in de gaten of je wel genoeg deed. Als hij vond dat je te langzaam werkte, kreeg je een waarschuwing. Er werd de hele dag tegen het personeel geschreeuwd en de meisjes achter de naaimachines werden slecht behandeld. Ze werkten zich rot en kregen daar niets voor terug, konden nooit ziek zijn of vrij nemen. Ik had er zelf voor gekozen, maar die meisjes hadden geen keus. Ze konden nergens op terugvallen.

Ik hield het maar acht weken vol, maar het was een goede ervaring. Ik besefte dat ik echt wilde leren en meer wilde dan zo'n fabrieksbaantje. Ik had gezien hoe zwaar het leven voor veel mensen is en dat ik geluk had dat ik mijn eigen keuzes kon maken.

Ik heb ook nog een tijdje als secretaresse gewerkt in een internationaal bedrijf. Zes dagen in de week van acht tot zeven en ik verdiende nog geen vijftig euro per maand. Van mijn eerste salaris kocht ik een keukenkast voor mijn ouders, daarna hield ik het voor gezien en ging ik terug naar school.

Er veranderde in die tijd veel in Casablanca. Vrouwen kregen meer vrijheid en werden geëmancipeerder. Mijn zussen en ik hoefden geen hoofddoek te dragen en uiteindelijk hebben we mijn moeder zo ver gekregen dat ze de doek die haar hele gezicht bedekte inruilde voor een gewone hoofddoek. In het begin vond ze het heel eng om met een onbedekt gezicht te lopen. Ze vond zichzelf daar te oud voor, niet meer mooi genoeg. Ik zei dan dat dat onzin was en maakte haar op en deed haar haar.

Ik profiteerde van de grotere vrijheid die er kwam. Ik ging vaak de stad in met vrienden en vriendinnen en glipte 's avonds wel eens stiekem het huis uit om uit te gaan. Mijn vader was niet streng en vond het allemaal niet zo erg. Sommige meisjes gingen veel verder. Er zaten meisjes in mijn klas die geen maagd meer waren en de pil gebruikten. Voor een van mijn beste vriendinnen moest ik de pil bij mij thuis bewaren omdat ze bang was dat haar moeder hem zou vinden.

Ik mocht van mijn ouders met jongens omgaan, maar een relatie was verboden. Op mijn veertiende werd ik voor het eerst verliefd, op de overbuurjongen. Het maakte me zo zenuwachtig dat ik niets meer tegen hem durfde te zeggen en hem ontliep. Dat werd dus niks. Vijf jaar later werd ik weer verliefd en dit keer serieus. Het was een jongen die, net als ik, luit studeerde aan het conservatorium. We trokken veel samen op, gingen na de les de stad in, koffie drinken. Ik wist dat het echt was, maar toch heb ik hem afgewezen toen hij mij ten huwelijk vroeg. Hij wilde samen bij zijn ouders blijven wonen en ik wilde op mijzelf wonen. Met een hele familie op elkaar zitten en afhankelijk zijn van zijn moeder zou me ongelukkig maken, dus liet ik hem gaan.

In de zesde klas zakte ik voor mijn examen en in diezelfde periode vroeg mijn broer mij of ik niet naar Nederland wilde komen om daar een opleiding te doen en mijzelf verder te ontwikkelen. Ik twijfelde en hij stelde voor dat ik het vier weken zou proberen om te kijken of ik het wat vond. Een paar maanden later stapte ik samen met mijn ouders op het vliegtuig naar Nederland. Ik had geen idee wat ik moest verwachten, maar vond het spannend om weg te gaan. Toen we aankwamen, haalde mijn broer ons op en bracht ons naar zijn huis in Arnhem.

De eerste weken verbaasde ik me vooral over hoe de vrouwen erbij liepen, zo vrij. En ze deden zo weinig aan hun uiterlijk. Als we met mensen afspraken om 's avonds iets te gaan doen, had ik me voor de afspraak helemaal opgedirkt en kwamen zij gewoon aanzetten in dezelfde kleren van die middag. Ze vonden mij overdreven netjes, met altijd bij elkaar passende jasjes en rokken. Mijn broer zei dat het juist goed was dat Nederlanders daar niets om gaven want het gaat om de inhoud.

Ik vond het ook heel vreemd dat meisjes 's avonds van hun ouders naar de disco mochten en dat vriendjes gewoon bij meisjes thuis mochten slapen. Mijn broer zei dat Nederlandse meisjes alles vertelden aan hun ouders, dat ze heel eerlijk waren en geen dingen stiekem deden. We logeerden bij mijn broer en zijn Nederlandse vrouw aan wie ik veel steun had. Ze ving ons op en liet ons een heleboel zien van Nederland. Ik vond vooral de huizen en de grachten mooi, al dat water.

Na vier weken gingen mijn ouders terug naar Marokko. Tegen mijn broer zeiden ze: 'Succes in dit land, maar wij gaan hier weg.' Ze vonden het te koud en vonden de mensen wel vriendelijk, 'maar ze doen te snel de deur dicht'. Ik wilde meer tijd om te zien of ik echt in Nederland zou willen blijven en besloot mijn verblijf met nog vier weken te verlengen.

Mijn broer gaf me veel vrijheid. Toen een Nederlands meisje aan hem kwam vragen of ik mee mocht naar de disco vond hij dat goed. Ik heb de hele nacht gedanst en was pas om twee uur thuis, dat vond ik prachtig. Hij liet duidelijk merken dat hij me vertrouwde en ik voelde me heel goed bij hem en mijn schoonzus. Maar buitenshuis was de taalbarrière een groot probleem. Ik sprak alleen Arabisch en Frans en kon met niemand een gesprek aangaan. Er woonden wat Nederlandse meisjes in de straat die mij leerden fietsen, maar verder dan wat gebaren met handen en voeten kwamen we niet.

Ik zocht Marokkaanse meisjes op om mee de stad in te gaan en vriendinnen te worden en toen werd ik met iets geconfronteerd wat ik nooit had kunnen bedenken.

De meeste Marokkanen in Nederland komen van het platteland en zijn Berbers. Ik wist dat wel, maar had geen idee dat zij zo'n andere manier van leven hadden dan ik gewend was. Behalve dat we nauwelijks konden communiceren door het taalverschil, vertrouwden de ouders van die meisjes mij niet. Ik was een Arabische, uit de stad nog wel, en ze vonden dat ik een verkeerde invloed zou hebben op hun dochters.

Ze hielden me in de gaten en bemoeiden zich met mij. Als ik op straat met een man had staan praten en dat thuis aan mijn broer vertelde zei hij: 'Dat hoef je me niet meer te vertellen. Weet je dan niet dat de buurtpolitie jou gezien heeft?' Daar werd ik woedend om, want als mensen gaan doen alsof dat een spannende roddel is, verdwijnt het vertrouwen. Sociale controle maakt zoveel kapot.

Ik kreeg van de Berberse Marokkanen veel commentaar op mijn openheid en mijn manier van doen en daar werd ik na een tijdje heel onzeker van. Ik dacht dat iedereen mij in de gaten hield en ik alles verkeerd deed. Ik snapte het niet: ik leek in Nederland minder vrij dan in Marokko. De eerste bruiloft die ik hier meemaakte was gescheiden: mannen in de ene zaal, vrouwen in de andere. Dat had ik in Marokko nooit meegemaakt. Mijn broer legde me uit dat Berbers dat doen om hun vrouwen te beschermen tegen de blikken van een vreemde man. Ik wilde het wel begrijpen en had ook wel lol met alleen de vrouwen bij elkaar, maar ik voelde me onrustig. Het was zo anders dan ik gewend was. Weg van Marokko leerde ik allemaal nieuwe dingen over mijn eigen land en merkte ik pas hoe weinig ik wist van de Berbercultuur en hoe ver die van mij afstond.

Maar ik wilde het contact met 'mijn mensen' niet kwijt, dus bleef ik proberen bij hen in de smaak te vallen. Er waren maar twee meisjes die van hun ouders met mij af mochten spreken, de rest hield afstand. Ik ging met een meisje om dat van alles stiekem deed; hasj roken en met jongens naar bed gaan – ze is uiteindelijk helemaal op het verkeerde pad terechtgekomen. Ik zei haar dat ze met haar ouders moest gaan praten, maar dat deed ze niet en toen ze erachter kwamen hoe slecht hun dochter eraan toe was, stuurden ze haar terug naar Marokko en kreeg ik de schuld.

Omdat ik niet werd geaccepteerd door mijn landgenoten ging ik zelf achteruit. Ik kreeg het gevoel dat ik geblokkeerd werd en niemand mij vertrouwde. Mijn broer zag het gebeuren en zei tegen mij: 'Luister, je bent hier voor jezelf, voor je eigen ontwikkeling. Je moet blijven wie je bent, want dat is goed.'

Mijn schoonzus heeft me toen ingeschreven voor een cursus Nederlands, bij een buurthuis. Ik kwam met allemaal verschillende nationaliteiten in de klas en daar leefde ik van op. Ik vond het een uitdaging om nieuwe mensen te leren kennen: uit Thailand, Turkije, Afrika.

Het begon heel simpel: het alfabet en woorden als 'kaas'. Ik zag het als een onderzoek, een nieuwe taal ontdekken. Elke dag kwam ik terug van de les met een nieuw woord. Mijn broer moest altijd lachen om mijn fouten, maar hij zei ook: 'Je moet gaan kiezen nu, wil je blijven of niet?' Ik wilde wel blijven, maar de gedachte dat ik Marokko achter zou laten was afschuwelijk en ik voelde me belemmerd door de sociale controle van de Marokkaanse gemeenschap in Nederland. Ik bleef mijn keuze uitstellen.

Toen kwam de dag dat we hoorden dat mijn vader, die al een tijdje ziek was, was overleden. Dat was voor mij het moment waarop er een knop in mijn hoofd omging. Ik moest een keuze maken. Mijn moeder achterlaten vond ik verschrikkelijk, maar een van mijn broers zou de winkel overnemen en voor haar zorgen. Terug in Marokko zou ik afhankelijk zijn van haar en die broer, dat wilde ik niet. Nederland gaf mij betere kansen en ik wilde mijn eigen toekomst bepalen. Bij mijn broer en zijn Nederlandse vrouw was ik in goede handen. Zij hadden door wat belangrijk voor mij was en ik voelde me veilig bij hen.

Ik zei tegen mijn broer: 'Ik ga in de zomervakantie met jou mee naar Marokko, dan neem ik afscheid en gaan we terug naar Nederland.'

Na die zomer heeft mijn schoonzus mij bij een ander buurthuis ingeschreven, om de taal echt goed te leren. Ik was begin twintig en had les met allemaal Berberse vrouwen van veertig, vijftig. Mijn contact met hen was heel anders dan met de Berberse meisjes. Het buurthuis was voor deze vrouwen een plek waar ze zich vrij voelden, even weg van de blikken van hun man en hun schreeuwende kinderen. Het was echt hun tweede huis, open en gezellig. Twee van hen spraken Arabisch en die vertaalden voor mij. Ze zagen me niet als een bedreiging, maar vonden het juist geweldig dat ik kon lezen en schrijven en anders was. Ik dacht toen: ik hoef geen meisjes van mijn eigen leeftijd, met deze vrouwen gaat het veel makkelijker. Ze hebben geen ouders die hen in de gaten houden en kunnen zelf beslissen met wie zij omgaan. Ze vonden het slecht dat ik rookte, dus deed ik dat stiekem buiten. En als ik dan weer naar binnen kwam was er altijd wel een vrouw die zei: 'Atika, ik ruik het wel.' Maar ze veroordeelden mij niet, ik was welkom daar.

We kregen kookles, Nederlandse les en dansten en zongen met elkaar. Er kwamen ook Nederlanders daar, om te gymmen,

*Eerste keer terug
naar Marokko*

Lesgroep in Arnhem

en soms deden we dan iets met z'n allen. Het was een heel gezellige tijd, die groep vergeet ik nooit. Ik was opgelucht dat er Marokkaanse vrouwen waren die mij waardeerden.

Mijn broer was leraar Arabisch op een school in Arnhem en daarnaast had hij een band: Al Amal, de hoop. Een keer vroeg hij me of ik mee wilde naar een optreden en ik zei: 'Goed, maar dan ga ik een liedje van Naima Samih zingen.' Het was een succes. Na afloop belden mensen hem om te vragen of ik voor hen kwam zingen: op bruiloften, feesten en besnijdenissen. Ik vond het optreden fantastisch en ik ging steeds vaker met de band mee.

We hebben zelfs een keer in de Doelen, in Rotterdam, gespeeld. Ik zag toen ik binnenkwam mijn naam op het affiche staan en dacht: wat leuk, nu ben ik een ster.

Mijn broer en schoonzus betaalden alles voor mij en op een gegeven moment wilde ik mijn eigen geld verdienen. Een vriendin van mijn schoonzus wilde graag een oppas voor haar kinderen en vroeg of ik dat niet wilde doen. Ik vond het een heel raar idee om betaald te krijgen om op iemands kinderen te passen. Dat soort dingen doe je toch gewoon voor niets?

De eerste keer dat ik had opgepast weigerde ik het geld. Maar mijn schoonzus legde me uit dat het heel normaal was om daarvoor betaald te krijgen en ik wilde graag dingen voor mezelf kopen, niet altijd alles aan mijn broer hoeven vragen. Toen ik eenmaal begon te verdienen werd ik hebberig; ik wilde mijn eigen make-up en kleren kopen, dus reageerde ik op een advertentie in de krant: schoonmaakster gevraagd.

Ik kwam terecht bij een oud echtpaar in Arnhem waarvan de vrouw kanker had. Ze konden het huishouden niet meer zelf doen, maar ze waren heel lief. Ik raakte erg aan hen gehecht, noemde ze na een tijdje opa en oma. Het was goed werk, want ik hielp hen echt en ik vond het leuk om bij Nederlanders thuis te komen. Het was alleen moeilijk om oma steeds zieker te zien worden.

Ik kan me nog goed herinneren dat ik op een dag na het werk mijn laarzen weer aantrok en iets hards voelde tegen mijn voet. Ik dacht eerst dat het een muis was maar toen zag ik iets glinsteren in mijn laars, een papieren pakje. Ik dacht: hoe kan dit nou? Ik wist niet wat ik ermee aan moest en hoe dat pakketje in mijn schoen terecht was gekomen. Toen kwam oma eraan en begon heel hard te lachen. 'Het is Sinterklaas,' zei ze en ze legde me alles uit. Ik heb een jaar bij hen gewerkt en toen overleed ze, heel naar.

In die tijd leerde ik mijn man, Alexander, kennen. Hij was bevriend met een vriend van mijn broer en die heeft ons gekoppeld. Alexander had tegen hem gezegd dat hij wel een Marokkaans meisje wilde leren kennen en die jongen heeft hem via mijn broer een foto van mij laten zien. Toen heeft hij mij geschreven, ik schreef hem terug en dat ging een tijdje zo door. Mijn broer zei: 'Ga maar wat met hem drinken, maar bedenk je goed dat er veel verschillen zijn, in geloof en cultuur. Als je dat niet wilt, houd hem dan gewoon te vriend.' Alexander en ik hebben de eerste keer dat we afspraken meteen heel goed gepraat. Ik merkte dat hij veel respect had voor de Marokkaanse cultuur en ik vond hem leuk. We spraken vaker af en kregen verkering. Ik wilde het rustig aan doen, even kijken of het wel goed zou gaan, maar hij was heel serieus.

Hij zei: 'Laten we snel trouwen, want jij bent de hele tijd weg.' Dat was waar, ik was altijd bezig en onderweg, met de band en met mijn studie. Ik lijk wat dat betreft op mijn vader: voor mij kan de dag niet zomaar voorbijgaan. Ik sta altijd vroeg op en kan vier, vijf dingen tegelijk doen. Ik heb veel energie.

Alexander en ik trouwden in het stadhuis van Utrecht en hadden een zaaltje daaronder gehuurd waar we een feest gaven. Het was heel mooi, met Marokkaanse muziek en ik had samen met een vriendin en een tante al het eten zelf gemaakt. De band van mijn broer trad op, het was een goed feest. Na ons huwelijk gingen we in Utrecht wonen en hielp Alexander mij met mijn verdere opleiding. Hij heeft mij gevraagd wat ik wilde, alles voor mij uitgezocht en mij ingeschreven voor een schakelcursus, daarna heb ik mijn MBO-hulpverlening gedaan.

Ik had het druk in die tijd want ik speelde in een theaterstuk dat door het land toerde. Ze hadden nog een vrouw nodig om op de tamtam te spelen en kwamen via mijn broer bij mij terecht. Ze nodigden me uit om een keer te komen kijken en het te proberen. Dat ging goed, ze zeiden: 'Atika, we hebben je nodig.'

Het was een educatief stuk over halal vlees, met voorlichting over de islam. Grappig, dat was in 1982 en het draait nu nog steeds om hetzelfde. Het verschil is alleen dat toen bijna niemand iets wist van de islam. Mensen dachten door mijn huidskleur altijd dat ik uit Suriname kwam. Door dat theaterstuk heb ik heel Nederland gezien. We gingen van Groningen naar Maastricht en alles ertussen in. Ik speelde ook nog door toen ik zwanger was van mijn eerste kind, ik was aan het trommelen en viel ondertussen bijna in slaap van vermoeidheid.

De zomer na mijn huwelijk hebben we nog een feest gegeven in Marokko. Mijn oudste broer wilde daar niet bij zijn. Hij vond het vreselijk dat ik met een Nederlander getrouwd was en wilde me niet meer zien. Dat was heel pijnlijk. Jarenlang bleven hij en zijn gezin uit de buurt als ik met mijn gezin naar Marokko kwam. Als ik hen probeerde op te zoeken liet hij merken dat ik niet welkom was. Ook een van mijn zwagers was erop tegen. Ze zeiden dat Alexander verplicht moslim moest worden, maar daar was ik het niet mee eens. Ik vond dat hij dat uit eigen overtuiging moest doen, niet omdat ik dat zei. Hij heeft het ook gedaan, zich bekeerd en laten besnijden, maar omdat hij zelf geloofde en zo hoort het ook.

Mijn moeder had er weinig problemen mee, mijn andere broers en zussen ook niet. Het was goed genoeg dat Alexander zich bekeerde en zij zagen dat ik dit echt wilde.

Er waren meer Marokkanen die mijn huwelijk afkeurden. Ze dachten dat ik het voor de vrijheid deed, dat ik niet met een Marokkaan wilde trouwen omdat die strenger zijn. Voor een deel was het denk ik ook bescherming. Een gemengd huwelijk is niet altijd makkelijk, ze waren misschien bang dat het mis zou gaan of dat ik mijn geloof en cultuur niet vast zou houden.

Na vijftien jaar heeft mijn broer eindelijk ingezien dat mijn huwelijk met Alexander serieus en goed was. Hij nodigde ons en de kinderen uit in zijn huis buiten de stad en dat was een mooie dag, ook voor Alexander, omdat hij zich eindelijk welkom voelde bij hem. Ik ben blij dat het nog goed gekomen is tussen ons, want mijn broer was een stuk ouder dan ik en is twee jaar na ons bezoek overleden.

Ik mis de eerste tijd in Nederland, het was zo anders dan nu. Mensen waren nog benieuwd naar Marokkanen, ze waren veel vriendelijker en de buren groetten elkaar op straat. Het zijn steeds meer eilandjes geworden: Turken, Marokkanen, Surinamers, Nederlanders, allemaal in hun eigen huis.

Tijdens mijn werk als maatschappelijk werkster in een buurthuis zie ik hoe moeilijk het is voor Marokkaanse gezinnen om het evenwicht te bewaren. De ouders weten van zichzelf wie ze zijn en waar ze vandaan komen, maar de kinderen zijn in verwarring. Ze willen meedoen met de Nederlandse cultuur en kunnen niet tegen al die regels van thuis. Vooral voor de meisjes is het moeilijk. Ik probeer te bemiddelen tussen hen en hun ouders. Ik zeg tegen de moeders: 'Als je niet wilt dat je dochter wegloopt, moet je naar haar luisteren, niet naar je man.' De vrouwen respecteren mij, maar de mannen zijn in het begin bang voor mij. We hebben bijvoorbeeld taallessen, tuinieren en fietsles en het is moeilijk daar vrouwen naartoe te krijgen, die worden thuisgehouden door hun man. Nou, ik ga dan gewoon naar die mannen toe. Ze schrikken even, maar dan zeg ik: 'Kijk, jij hebt nachtdiensten en je vrouw moet 's morgens vroeg naar de dokter of naar de markt, dan moet ze jou altijd wakker maken. Ze heeft je overal voor nodig, je moet haar overal naartoe brengen. Hoe lang houd je dat vol?'

Het is mijn doel Marokkaanse vrouwen een beetje vrijer te maken, maar met respect voor hun man en gezin. Ik weet hoe het werkt, je moet niet te veel ineens willen.

Ik verschil in veel dingen van andere Marokkaanse vrouwen, maar ik herken hun problemen wel. Het is lastig in Nederland je kinderen op te voeden. In Marokko let iedereen op, de buren kunnen je kind een tik geven als het iets verkeerd doet. Maar hier wordt er niet op hen gelet, ze hebben zo veel vrijheid.

Alexander en ik hebben vier kinderen: Karim, Tamar en Majdoulin en Ismail, een tweeling. Ze zijn vrijer dan ik was als kind, zeggen alles wat ze vinden. Je eigen mening hebben is hier heel belangrijk. In Marokko was dat anders, ik moest altijd voorzichtig zijn met wat ik zei, mij aanpassen. Mijn kinderen komen op de eerste plaats, zij maken mij het gelukkigst.

De oudste twee zijn ook bezig met muziek. Tamar, mijn dochter van zeventien, rapt. Ik ben blij dat ze ook in de muziek zit, maar het is belangrijk dat ze eerst een diploma haalt. Ik wil dat ze zelfstandig wordt, haar eigen geld verdient. En ze moet de wereld zien voordat ze gaat trouwen! Waarheen maakt mij niet uit, als ze maar veel ziet en leert.

Ik ga met Tamar om zoals mijn moeder met mij omging. Zij was oud, maar toch ging ze met haar tijd mee. Ze was niet zo traditioneel en kende weinig verboden. Ik ben voor mijn kinderen nog vrijer dan mijn moeder was. Ze hoeven voor mij geen geheimen te hebben, terwijl ik in mijn jeugd nog wel een paar dingen stiekem moest doen. Maar dat was omdat ik bang was voor de omgeving, niet voor mijn moeder.

Tamars openheid is soms moeilijk voor mij. Zo kwam zij mij op een dag vertellen dat ze een vriend had. Dat was even slikken, niet omdat ik hem niet accepteerde, maar omdat mijn dochter opeens groot was. Die waarheid was voor mij wel moeilijk.

Ik ben trots op haar en dat zeg ik ook tegen haar. Ik vind het leuk dat zij haar hobby met mij deelt, maar ik ga haar niet controleren. Ook op haar werk ga ik niet zomaar langs. Zij werkt in de Bart Smit en alleen als mijn zus of nicht uit Marokko komt, gaan we even bij Tamar kijken. Naar haar zwaaien als ze achter de kassa zit. Dan ben ik trots op haar.

Ik heb mijn best gedaan hen de Marokkaanse cultuur en ons geloof door te geven, maar ook de Nederlandse; we hebben in december een kerstboom en een stalletje in huis.

Mijn kinderen hoeven niet te kiezen, ze zijn Marokkaans en Nederlands. In de opvoeding merkte ik wel het verschil tussen Alexander en mij. Het zit vooral in kleine dingen. Als we op stap gingen met de kinderen en ze wilden een ijsje vond ik dat prima, maar hij zei dan: 'Nee, jullie moeten thuis eerst goed eten.' Ik wil mijn kinderen gewoon geven wat ze willen, maar hij wilde hen niet verwennen, dat is heel Nederlands.

De zuinigheid in dit land, dat iedereen voor zichzelf betaalt, daar had ik veel moeite mee. Ik ben van de chaos en gezelligheid. Tijdens de ramadan nodig ik veel mensen uit, dan blijven gasten eten en slapen en is het heel erg druk. Alexander kan daar niet tegen, gaat dan lopen balen.

Maar dat zijn dingen die ik niet op kan geven. Ik zeg dan: 'Vind je het erg? Ga dan naar boven.' We hebben een balans gevonden die voor ons werkt.

Ik denk niet meer terug aan mijn keuze om hier te komen wonen. Ik wilde mijn eigen toekomst bepalen. Dat heb ik besloten en gedaan, het is niet anders. Maar het is niet altijd makkelijk geweest.

Een paar maanden na Tamars geboorte hoorde ik dat mijn moeder ernstig ziek was. Ik kon Tamar niet meenemen, ze stond nog niet ingeschreven op mijn paspoort. Dus heb ik haar achtergelaten bij een oppas en meteen het vliegtuig gepakt. Die reis leek wel een maand te duren. Ik dacht de hele tijd: als mijn moeder het nog maar volhoudt, nog even wacht. Ik heb haar gezien en afscheid van haar genomen. Vlak nadat ik terug was in Nederland is ze gestorven en daar kon ik niet bij zijn. Dat doet pijn.

Elke keer als ik in Marokko ben bezoek ik haar graf, dan huil ik daar en vertel ik hoe het met mij en mijn gezin gaat.

Marokko blijft voor mij altijd op nummer één. Als ik daar

een goed inkomen zou kunnen hebben, zou ik zo teruggaan. Ik wacht nu tot mijn kinderen zelfstandig zijn en dan wil ik er vaker heengaan, met Alexander. Een half jaar hier, een half jaar daar. Ik heb met mijn verzekering geregeld dat ik daar begraven word, maar liever ga ik nog voor mijn dood terug. Het idee hier oud te worden maakt me bang. Zo weggestopt en genegeerd. Ik heb in Nederland een leven opgebouwd, maar ik wil mijn laatste jaren in Marokko doorbrengen, een Marokkaanse oma zijn.

Tamar (1988)

Als ik muziek van Oemm Koelthoem hoor, moet ik aan mijn moeder denken. Daar is zij helemaal gek op. Ik noem Oemm Koelthoem de André Hazes van Noord-Afrika. Mijn moeder is het niet eens met die vergelijking. 'Het is klassieke muziek!' zegt ze dan.

Ik weet dat mijn moeder, als ze ouder is, in Marokko wil wonen. Dat heeft ze wel eens gezegd. Ik denk dat ze daar gelukkiger is, dat merk ik tijdens onze vakanties daar. Als ze afscheid moet nemen om terug te gaan naar Nederland is ze heel erg down. Of als ze vanuit huis naar familieleden in Marokko belt. Je hoort haar dan altijd schreeuwen en lachen aan de telefoon, heel uitbundig. Dat vind ik leuk om te zien. Zij is wel gelukkig met haar werk en gezin, maar zij heeft hier nauwelijks familie. Haar mensen zitten toch in Marokko en die mist ze.

Marokko was vroeger voor mij alleen een vakantieland. Maar de laatste jaren denk ik: het is meer dan dat. Het is wel het land waar mijn moeder vandaan komt. Ik wil eigenlijk weer naar Marokko om meer te weten te komen over mijn familie en de stad Casablanca. Ik word me steeds meer bewust van dat deel van mijn leven.

Mijn moeder is anders dan de meeste Marokkaanse vrouwen. Zij is heel vrij opgevoed en kan mij makkelijker loslaten. Toen ik mijn demo-cd af had en die aan haar liet horen was ze echt trots. Ze vindt het leuk dat ik rap en daar ben ik blij mee. Mijn muziek gaat over mezelf en alles om mij heen. Er zit meestal wel een boodschap in. Het is mijn leven, ik schrijf zelf de teksten en ik wil ook mijn eigen beats leren maken. Mijn moeder wil altijd mee naar talentenjachten. Leuk, want hiphop is een nieuwe muziekstroming en vaak vinden oudere mensen dat maar niets.

Mijn moeder zegt: 'Doe wat je wilt en trek je niets aan van andere mensen.' Natuurlijk wil ze dat ik ga trouwen, dat wil ik ook wel. Met een leuk Marokkaans feest, iedereen dansend in zo'n grote ruimte. Of ik kinderen wil is een andere vraag. Luiers en zo, dat is niet mijn ding. Ik herinner me een zomervakantie in Marokko toen ik twaalf was. Ik was buiten aan het spelen toen mijn tantes mij opeens vastpakten en mij naar een kamer brachten. Omdat ik in hun ogen geen kind meer was, ik was sinds kort ongesteld, wilden zij een feest voor mij geven. Ik moest allemaal mooie jurken aan en kreeg overal vullingen in geprop, alsof ik ronde vormen had. Toen ik helemaal aangekleed en opgemaakt was, zei mijn moeder: 'Wauw, dat is mijn dochter!'

Het was hun manier om iets leuks te doen voor mij en mijn moeder, maar ik vond er niks aan. Jurken en optutten is niks voor mij, maar als ik ga trouwen trek ik wel zo'n outfit aan, voor één keer.

Mijn moeder zegt nu vaak: 'Tamar, je lijkt echt op mij. Je bent meer weg dan thuis. Goed zo, niet thuis blijven luilakken.'

Vroeger was ik pappa's kindje, ik nam woordjes van hem over en ik ging altijd naar hem om te praten. Maar nu heb ik dat ook met mijn moeder. Zij is veel losser in de omgang dan mijn vader, zij maakt makkelijk contact. Als ze bij een bushokje staat, begint ze meteen met vreemden te praten. Mijn vader zou dat niet doen, hij is veel rustiger. Hij blijft liever op de bank hangen of gitaar spelen. Maar het mooie is dat ze elkaar precies begrijpen.

Mijn moeder doet gewoon met alles en iedereen mee. Als vreemdeling in dit kikkerland heeft zij meteen alles opgepakt. Ik ken weinig Marokkaanse moeders die in december een kerststal kopen voor onder de boom en pakjesavond meedoen met Sinterklaas. Ik vind het knap wat ze allemaal heeft bereikt.

Toen ik mijn vriend had ontmoet, schaamde ik me om het mijn moeder te zeggen maar op een dag kwam ik thuis met een knuffeltje van Goofy en een big smile op mijn gezicht. Zij wilde weten waar dat vandaan kwam en toen heb ik haar alles verteld. Een paar weken later kon mijn vriend bij ons komen eten.

Hij is half Moluks, half Nederlands, maar zijn afkomst is voor haar geen probleem.

De band met mijn moeder is goed, ik bedoel niet dat ik elk weekend met haar ga shoppen, maar ze weet dat ik alles doe wat ik wil. Dat is heel duidelijk tussen ons. Voor mij zijn grenzen er om te overschrijden. Tot nu toe heeft dat niet voor problemen tussen ons gezorgd. Toen ik haar zei dat ik een wenkbrauwpiercing wilde, was ze erop tegen. 'Ik wil geen junk als dochter!' zei ze. Maar toen ik hem eenmaal had, vond ze het wel leuk staan.

Op de basisschool had ik veel Marokkaanse vriendinnen. De middelbare school waar ik naar toe ging was een witte school. Daar moest ik even aan wennen. Nu is mijn vriendenkring fifty-fifty, net als ikzelf. De meeste mensen denken dat ik Surinaams ben, of Indonesisch. Als ik dan zeg dat ik half-Marokkaans, half-Nederlands ben, reageren ze met clichématige vragen als: 'O, wat voel je je dan meer?' 'Heb je het gevoel dat je moet kiezen?' 'Is het moeilijk voor jou om half-half te zijn?' Echt irritante vragen zijn dat. Ik ben gewoon mezelf en ik heb er nooit problemen mee gehad!

HALIMA (±1954)

*Ik heb leren fietsen, Nederlands leren spreken
en koken, en ik heb geprobeerd hier een plek te veroveren,
maar ik ben altijd een vreemde gebleven.*

Op 8 oktober 1973 ben ik met mijn drie kinderen naar Nederland gekomen. Ik moest kiezen: mijn land of mijn man en ik koos voor mijn man. Het vertrek uit Marokko staat in mijn geheugen gegrift. Ik stond op het vliegveld en dacht: hoe moet ik afscheid nemen van mijn land? Van mijn ouders? Mijn vader kon maar geen gedag zeggen en mijn dochters huilden en schreeuwden dat ze wilden blijven. De jongste klampte zich aan haar oma vast en wilde haar mee in het vliegtuig. 'Er is geen plaats,' zei ik. Eenmaal in het vliegtuig drukte ze zichzelf helemaal tegen het raam en zei: 'Zie je nou wel, er is plek, hier is plek.' Toen ik afscheid had genomen en me omdraaide, hoorde ik mijn vader tegen mijn oom zeggen: 'Daar gaat mijn dochter.' Mijn hart brak.

Jilali, mijn man, kwam ons ophalen van het vliegveld. Hij zei: 'Welkom in Nederland waar het altijd slecht weer is.' Het was donker en mistig en er lagen overal bladeren op de grond. Ik weet nog dat ik dacht: is het nu nacht of dag? Vanwaar ik vertrok was het achttien graden. Alles was er groen en fris. Hier was het koud en donker.

In mijn nieuwe huis stond Ineke, de Nederlandse buurvrouw, klaar met een taart die ze voor mij had gemaakt. Ze zei: 'Als je iets nodig hebt, kun je naar mij toe komen. Ik zal je helpen.' De volgende ochtend kwam ze al langs. Ik had lila nagellak op en ze wees naar mijn vingers. Ik pakte het flesje uit mijn kamer en heb haar nagels gelakt. Zo leerde ik mijn eerste Nederlandse woord: nagellak. Ineke kwam de volgende dagen naar me toe met boeken en plaatjes. Ze wees op de afbeeldingen en zei het Nederlandse woord. Ik herhaalde dat en zo leerde ik wat woorden. Ze was mijn grote steun. We gingen veel samen naar buiten. Zelfs in de winter, als het sneeuwde. Dan zei ze: 'Halima, kleed je goed aan en kom naar beneden.' Ik had alleen een dunne jas. Dat vond ze niet warm genoeg. Ze ging naar mijn man en zei hem dat hij een dikke jas voor mij moest kopen. De volgende dag kwam hij thuis met een dikke groene jas.

Behalve Ineke kende ik niet veel mensen. In die tijd lieten nog maar weinig Marokkaanse mannen hun vrouwen overkomen. Er was geen gemeenschap zoals je die nu hebt. Ik wilde heel graag mensen ontmoeten, maar wist niet waar ik moest beginnen. Ik voelde me verloren en miste mijn familie verschrikkelijk. Bellen naar Marokko was duur, dus dat deden we nauwelijks, en de post was traag. Ik hoorde bijna nooit van hen. Alleen als ik bij mijn schoonzus in Hendrik Ido Ambacht was, voelde de familie eventjes dichtbij. We praatten uren over mijn moeder, haar moeder, onze broers en zussen. Maar terug thuis voelde ik me weer net zo eenzaam als ervoor. Het was niet alleen mijn familie die ik miste, het was ook het land: de zon, de natuur, het buiten zijn. Ik heb in Marokko altijd buiten de stad gewoond en daar voelde ik me vrij. Tussen huizen en straten voelde ik me opgesloten. Mijn eerste leuke dag in Nederland was vlak voor Sinterklaas. Ik bracht mijn oudste dochter naar de kleuterschool en bleef kijken hoe ze in de klas sinterklaasversieringen maakten. De juffrouw kwam naar me toe. 'Je mag wel meedoen,' zei ze. Ik ben meteen gaan knutselen. Ik hielp de kinderen met tekenen, zette koffie en hing de tekeningen voor het raam. Ik wist dat het met Sinterklaas om cadeautjes ging, dus pakte ik thuis wat spullen in en gaf die aan de juffrouw. 'Voor Sinterklaas,' zei ik. Ze riep: 'Nee joh, Sinterklaas moet wat geven, jij niet!' Maar ze lachte erbij.

Ik zat in die tijd veel thuis. Waar moest ik heen als ik naar buiten ging? De momenten met Ineke waren leuk, maar verder had ik vreselijke heimwee. De Nederlandse taal was een ramp. Ik dacht: ik leer het nooit. Ik wilde met mensen praten over het leven, vertellen wat er in mij omging en leuke dingen doen. Ik houd van naaien, koken, wandelen, knutselen, maar in je eentje is daar niets aan. Jilali vertrok elke ochtend om vijf uur en kwam om tien uur 's avonds pas thuis. In de weekenden probeerde hij dat goed te maken. Dan gingen we naar het bos of het zwembad. De eerste zomer kocht hij een rubberboot waar we mee in de sloot roeiden. Hij deed zijn best, dat zag ik wel, maar hij kon er niet voor mij zijn. In de melkfabriek moest hij vaak overwerken. Hij was machinebediende en tegelijkertijd monteur. Als er iets mis ging, vroeg zijn baas hem altijd meteen te komen. En dat deed hij. Hij heeft dertig jaar in die fa-

Halima op het strand

Halima met man en kinderen, 1984

Halima thuis

briek gewerkt, soms wel 48 uur achter elkaar, maar door het vocht in de fabriekshal kreeg hij last van zijn longen en is hij een paar jaar geleden afgekeurd.

Zijn baas was een vriendelijke man. Toen Jilali twee jaar voor hem had gewerkt, wilde hij terug naar Marokko. Zijn baas vroeg waarom en mijn man legde uit dat hij zijn kinderen en vrouw zo erg miste. Toen heeft hij een huis voor hem geregeld zodat wij hierheen konden komen. De eerste jaren in Nederland sliep mijn man in een pension met vier mannen op een kamer. Het was niet gemakkelijk, omdat ze allemaal niet gewend waren voor zichzelf te zorgen. Een van zijn kamergenoten trok elke dag na het werk zijn pantoffels aan en ging voor de tv zitten wachten tot er eten kwam. Op een dag kregen ze ruzie, mijn man zei: 'Je moet meehelpen in het huishouden, je laat mij alles doen.' De ander werd boos, hij vond het een schande om als man het huishouden te doen. 'Kom dan in ieder geval naast me staan als ik afwas, dan kan je zien hoe het moet,' zei mijn man. Maar meer dan dat wilde de kamergenoot niet doen. Het was niet gemakkelijk om zo op elkaars lip te zitten.

Voor hij naar Nederland ging heeft Jilali in Italië gewerkt. Daar sliep hij met drie anderen in een auto. 's Morgens reden ze naar een benzinestation om zich te wassen en dan door naar het werk. Hij heeft dat twee maanden volgehouden. Mijn man heeft altijd hard gewerkt en ik heb hem nooit horen klagen. Soms moest hij in het weekend doorwerken en toen ik daar op een dag over zeurde zei hij: 'Kom dan mee met de kinderen.'

Dat heb ik gedaan. Hij stond achter de machine, en de kinderen en ik zaten ernaast. Ik heb die machine meteen een schoonmaakbeurt gegeven.

De tweede zomer gingen we in de vakantie naar Marokko, dat maakte alles moeilijker. Het was geweldig om mijn familie weer te zien, maar ik dacht alleen maar aan de terugreis. Straks zit ik daar weer alleen. Toen wij terug kwamen in Nederland, verhuisde Ineke. Toen begonnen mijn klachten. Ik kreeg hoofdpijn, rugpijn, eczeem. Ik had last van mijn maag, mijn gal. Omdat ik drie jaar geen vlees had gegeten hier in Nederland, had ik bloedarmoede. Ik was een keer naar een slager gegaan en vroeg hem om schapenvlees. Het was donkerbruin en oud, afschuwelijk! In die tijd was er nergens een islamitische slager te bekennen, dus at ik geen vlees meer. Pas toen mijn zwager jaren later een keer langskwam met een levend schaap dat wij zelf hebben geslacht, heb ik weer vlees gegeten.

De pijnen verspreidden zich over mijn hele lichaam, maar ik moest elke dag vroeg op om voor mijn kinderen te zorgen. Ik stond op, bracht de kinderen naar school, maakte het huis schoon en ging weer slapen. Wanneer ik 's middags wakker werd, was ik helemaal duizelig. Ik ben langs talloze dokters en specialisten gegaan en heb allerlei onderzoeken ondergaan. Maar de klachten bleven. En als er eentje verholpen was, kwam er een andere voor in de plaats.

Omdat mijn Nederlands nog slecht was, nam ik altijd mijn oudste dochter, Nadia, mee als ik naar de dokter ging. Onderweg vertelde ik haar wat ze de dokter allemaal moest vertellen.

Een keer waren we onderweg, toen wij bij een zebrapad aankwamen. Nadia wilde meteen oversteken, maar ik riep haar terug en zei boos dat ze op mij moest wachten met oversteken. Ze zei: 'Mama, nu je zo boos op mij bent ga ik niets tegen de dokter zeggen.' Ik was afhankelijk van haar.

Ze zat dan naast mij en vertelde hem over mijn rugpijn en andere kwalen. En hij, op zijn beurt, vertelde haar wat ik moest doen. Veel drinken en veel wandelen. Maar ik kon niet alleen wandelen, ik hou van gezelschap en praten met mensen. In het weekend wandelde ik wel eens met Jilali, maar als hij mij doordeweeks aan het wandelen probeerde te krijgen, zocht ik altijd uitvluchten: 'Het is te koud' of 'het regent'.

Jilali wist hoe het was om eenzaam te zijn. Hij zei: 'Voordat jullie hier kwamen was ik ook eenzaam. Je gaat naar je werk en als je terugkomt naar huis is er niemand, geen familie. Je bent helemaal alleen. Ik heb het ook gered. Je moet doorzetten, dan komt het goed.' Dus nam ik de kinderen mee en wat eten en dan wandelden we urenlang. Tegen etenstijd ging ik terug naar huis om snel te koken voor mijn man. Vaak dacht ik tijdens het wandelen alleen maar: wat doe ik hier? Ik zag het gezicht van mijn moeder voor me, en dat van mijn vader. Het maakte me vreselijk verdrietig. Als ik alleen liep kwam alles eruit en kon ik huilen. Dat luchtte op. Maar ik hield ook van de weilanden, de koeien en de schapen die we onderweg tegenkwamen. Hun geur deed me denken aan thuis.

Ik ben opgegroeid op een boerderij in de buurt van Casablanca. We woonden met zeven kinderen en mijn ouders samen in huis met de tante van mijn moeder en mijn grootmoeder. Er was altijd bezoek en familie om me heen. Mijn moeder was zwaar astmatisch. Ze deed haar best, maar door haar ziekte kon ze ons weinig aandacht geven. Mijn vader compenseerde dat. Hij nam alle tijd om met ons te praten en onze vragen te beantwoorden en vertelde spannende verhalen. Hij was altijd bezig in de tuin en ik liep overal achter hem aan om mee te helpen. Ik mocht de dorre bladeren van de boom plukken en hij leerde mij hoe je voor een boom moet zorgen om de lekkerste vruchten te krijgen. Dat heb ik allemaal onthouden. We hadden veel dieren op de boerderij en elk kind had zijn eigen kip. Die van mij noemde ik Halima, naar mezelf. Ze was altijd ziek. Ik maakte een nestje voor haar met stukjes stof uit mijn moeders kussen omdat ik dacht dat het door de kou kwam. Maar ze was gewoon zwak. Ik was jaloers op mijn zus, die had een hele mooie, sterke kip. Die van mij kreeg oorontsteking, een ontsteking aan haar ogen en astma. Ze maakte de hele dag gekke geluiden, 'hie, hie', een soort piepen. De dag dat ze stierf was afschuwelijk. Ik zat urenlang naast haar grafje en dacht: waarom heeft Allah uitgerekend mijn kip opgenomen?

Mijn jeugd was onbezorgd. Mijn vader had altijd mensen in dienst om het zware werk te doen. Ik kreeg wel taken, maar rende vaak halverwege weg om te gaan spelen, en dat was nooit een probleem. Toen ik op mijn vijftiende trouwde, verhuisde ik naar het huis van de familie van mijn man. Achteraf gezien was ik wel erg jong, maar in die tijd was het geen kwestie van willen of moeten, je wist gewoon niet beter. Jilali kende ik alleen vaag, zijn zus was getrouwd met mijn neef. Zijn moeder had mij gezien en tegen hem gezegd: 'Ik weet een meisje uit een goede familie, maar ze is nog jong.' Toen zijn familie om mijn hand kwam vragen, kwam hij zelf niet mee. Maar toen ik hem eenmaal te zien kreeg dacht ik: ja, dat is mijn man. Ik stemde toe.

In het begin had ik alleen het gevoel dat ik het ene huis voor het andere verliet, alsof ik uit logeren ging. Ik voelde me niet getrouwd en had geen idee wat er van me verwacht werd. Ik voelde me even vrij als toen ik bij mijn ouders was. Ik speelde met de neefjes en nichtjes van mijn man. Als het warm was hielden we watergevechten en als Jilali en ik samen sliepen, ging ik, zodra hij in slaap viel naar de kamer van de meiden. Ik

Halima bij graf van haar vader in Marokko

had het heel gezellig met mijn schoonzus. Ze vertelde mij verhalen, we breiden samen en deden samen de was. Ik had niet door dat mijn schoonmoeder me in de gaten hield. Al snel riep ze me bij zich. Ik moest me meer als een getrouwde vrouw gedragen, zei ze. Jilali nam het voor me op: 'Laat haar, ze is nog jong.' Maar mijn schoonmoeder zette me aan het werk.

Haar huishouden was strak geregeld. In het begin van ons huwelijk dacht ik nog helemaal niet aan kinderen krijgen, maar Jilali wilde het graag. Na een paar maanden was ik al zwanger. De hele zwangerschap door was ik ziek. Ik had bloedarmoede en alles smaakte afschuwelijk. Alleen maïs en water kreeg ik nog naar binnen. Ik voelde me zwak en ongelukkig. Mijn schoonmoeder had geen medelijden met me, ik moest gewoon doorwerken in huis. Vlak voor ik zestien werd kreeg ik onze eerste dochter, Nadia. Snel daarna werd ik weer zwanger. Het waren weer negen zware maanden. We kregen nog een dochter, Samira en anderhalf jaar later een zoon, Abdelhadi. Rond die tijd ging het nieuws over werken in Europa rond. Er stonden oproepen in de kranten en mensen verspreidden dat bericht langs de dorpen.

Jilali was achtentwintig jaar toen hij naar een bureau in Casablanca ging om zich aan te melden. In Europa lag het geld en de toekomst voor onze kinderen, dachten we.

Alles wat ik in Nederland had was ons gezin en de herinneringen. In Marokko stond bij iedereen de deur open, letterlijk. Je kon altijd bij elkaar op bezoek. Als je je niet lekker voelde, kwam de buurvrouw naar je toe om voor de kinderen te zorgen. Als je was bevallen kwamen familie en buren helpen en kookten ze beurtelings voor je. Toen ik hier kwam had ik het gevoel dat ik in een andere wereld terecht was gekomen. Alles is dicht en niemand zegt wat tegen elkaar. Ik voelde me zo eenzaam dat ik niet wist hoe ik de dagen door moest komen.

Mijn kinderen hielden me op de been. Ook had ik veel steun aan onze huisarts. Hij verstond mij nauwelijks maar hij had zoveel geduld. Zoveel geduld dat het toch altijd weer goed kwam. Hij heeft mij geleerd dat ik moet vechten om gelukkig te zijn. Soms moet iemand je de ogen openen. Het leven is niet zo gemakkelijk. Je moet gewoon doen wat je wilt! De huisarts zei tegen mij: 'Mevrouw Mouaddab, uw klachten komen voort uit eenzaamheid. Dat moet u doorbreken. U moet een clubje zoeken.' Ik wilde best maar ik wist niet waar ik moest beginnen. Ik ben gaan rondvragen en uiteindelijk vertelde iemand me over een club aan de Prinsengracht in Den Haag, Yasmina. Ik ben daar heengegaan en maakte kennis met een heleboel vrouwen: Nederlandse, Turkse en Marokkaanse. Ik voelde me meteen thuis. We kwamen gewoon bij elkaar en hadden er vaak feesten, bijvoorbeeld na de ramadan. Dan was er de ene dag de Turkse viering en de volgende dag de Marokkaanse. De leraressen deden mee. Via Yasmina ben ik op zwemles gegaan, en ging ik wekelijks met een groepje mensen wandelen. Ik leerde een Engelse, een Chinese en zelfs een Italiaanse vrouw kennen. Ik verstond hen bijna niet maar met handen en voeten maakten we afspraken: 'Vandaag koffiedrinken bij mij. Andere dag bij jou.' Ik kreeg daar Nederlandse les en leerde lezen en schrijven. Ik haalde ook boeken uit de bibliotheek, en ik leerde met mijn jongste kinderen mee, als zij hun huiswerk maakten.

Langzaam maar zeker kon ik met iedereen op straat een praatje maken. Bij de bushalte, op de markt. En toen ging opeens alles over. Al mijn klachten waren weg. Ik vond het heerlijk om mensen aan te spreken. Ik kwam in de buurt vaak een Nederlandse man tegen, een echte heer. Als hij iemand tegenkwam, zei hij altijd goedendag, maar tegen mij niet. Dus op een dag begon ik zelf: 'Dag meneer.' Hij keek me alleen maar aan. De volgende keer zei ik weer: 'Dag meneer.' En hij keek me weer aan. Hij voelde wel dat hij me niet meer kon negeren, dus groette hij mij terug. Ik ging door met: 'Mooi weer, hè?' En zo hadden we een gesprek en kwam ik te weten waar hij woonde, dat hij makelaar was en twee kinderen had. Nu ken ik zijn vrouw ook goed. Als we het over toen hebben, zegt ze dat ik een echte doorzetter was.

In die tijd kreeg ik goed contact met een andere buurvrouw, mevrouw Prins. Ze riep vaak vanuit het raam: 'Hé, Halima! Sluit de tent en kom met de kinderen naar buiten!' Zij leerde mij fietsen. Eerst oefende ik op straat, maar ik werd zo aangestaard dat ik dat niet meer wilde. Ik ben met mijn kinderen naar een weiland gegaan in de buurt, en zo heb ik het geleerd. Met vallen en opstaan. Toen dat eenmaal lukte stelde mevrouw Prins voor om lange fietstochten te maken, langs boerderijen en weilanden. In het begin schaamde ik me nog wel eens als ik slingerde, maar mevrouw Prins zei: 'Daar moet je maling aan hebben!', en dat deed ik. Het was heerlijk. Op een dag zei ze: 'Morgen met de fiets naar de stad!' Ik schrok. De stad was veel te chaotisch voor mij. Mevrouw Prins stelde mij gerust: 'Je moet het één of twee keer proberen, dan verdwijnt de angst.' De nacht ervoor had ik nachtmerries over verkeersongelukken en toen we eenmaal gingen, dacht ik dat ik het niet zou redden. Er kwam een vrachtauto achter me rijden. Ik was zo bang dat ik het benauwd kreeg, maar ik zei tegen mezelf: 'Doorzetten, Halima!' Toen durfde ik langs bussen en auto's te fietsen. Niet veel later ging ik overal op de fiets naar toe.

Je moet durven, met alles. Zo was er een man in onze buurt van wie werd gezegd dat hij buitenlanders haatte. Ik zei altijd dag tegen hem en zijn vrouw, maar ze zeiden niets terug. Toen ik hoorde dat zijn vrouw een beroerte had gehad, heb ik een kaartje bij hem door de brievenbus gedaan. De volgende keer dat hij mij zag, bedankte hij me, en sindsdien hebben we goed contact.

Mijn man heeft mij altijd vrij gelaten in alles wat ik wilde doen. Hij zegt wel eens: 'Halima, waar ga je nu weer heen?' Maar ik hoef van hem nooit binnen te blijven. Soms, als ik ergens vandaan opbel om te zeggen dat ik later kom, doet hij alsof hij boos is: 'Nou, blijf dan maar gelijk slapen.' En dan grap ik: 'Als ik een goed bed kan vinden zal ik dat zeker doen.'

Mijn moeder vind dat ik voorzichtiger moet zijn met mijn man, maar daar trek ik me niets van aan. Zij is in alles veel voorzichtiger dan ik. Ze heeft ook een zwaarder leven gehad. Toen haar ouders net getrouwd waren, heeft haar moeder een grote fout gemaakt. Ze bracht brood naar haar man die op het land werkte en ging naast hem zitten om samen te eten. In die tijd was het onbestaanbaar dat je je als vrouw zo schaamteloos in het openbaar vertoonde. Familie en dorpsgenoten die het zagen spraken er schande van. Een oom van haar man maakte er een enorme heisa over en er ontstond een grote ruzie. De familie van mijn opa dwong hem toen om van mijn oma te scheiden. Hij heeft geprobeerd daar tegenin te gaan, maar was niet doortastend genoeg. Mijn oma was zwanger van mijn moeder, maar moest weer bij haar ouders gaan wonen. Ze werd ziek, kreeg vreselijke hoofdpijnen en stierf niet lang na mijn moeders geboorte. Mijn moeders vader wilde haar niet opvoeden. Het enige wat hij voor haar gedaan heeft in haar leven is haar af en toe de groeten laten overbrengen.

Gelukkig heeft mijn moeders oma de zorg op zich genomen. Het grootste deel van haar jeugd heeft ze doorgebracht met haar twee ooms, mijn oma en een kinderloze tante. Het ging goed totdat een van de ooms trouwde. Hij had twee vrouwen en die waren jaloers op de aandacht die mijn moeder kreeg. Ze begonnen te stoken en maakten haar het leven zuur. Mijn moeder krijgt nog steeds tranen in haar ogen als ze terugdenkt aan die tijd. Ze had geen ouders, broers of zussen en voelde zich eenzaam. Toen mijn moeder vierentwintig was, zag mijn vader haar op het land werken. Hij werd verliefd, vroeg om haar hand en ze is met hem meegegaan naar zijn familie. Daar moest ze keihard werken, want het was een groot huishouden. Het huis stond in een stoffig en heet gebied en mijn moeder kreeg veel last van haar astma. Ze had ook andere klachten. Alles wat ze at, kwam er meteen weer uit. Ze voelde zich voortdurend ziek. Mijn moeder is zolang ik haar ken nooit echt gezond geweest. Als haar ouders niet waren gescheiden, had ze een minder eenzame jeugd gehad. Ze haat films of programma's waarin mensen scheiden. Dan vraagt ze de hele tijd: 'Waarom? Waarom moet dat nou?' Maar ik hoor haar nooit klagen. Haar doorzettingsvermogen is altijd een voorbeeld voor mij geweest. Mensen zeggen dat ik op haar lijk. Alleen: ik durf, zij niet.

Zeven jaar na Abdelhadi's geboorte werd ik weer zwanger. Mijn lichaam heeft nooit goed op zwangerschappen gereageerd en ook deze was moeilijk. Het werd een meisje, Maria. Ons eerste kind dat in Nederland geboren is. Tweeënhalf jaar later kwam Hakima en toen wilde ik geen kinderen meer. Het was lichamelijk te zwaar en de huisarts constateerde dat mijn baarmoeder zo zwak was dat ik een operatie moest ondergaan. Toen ik in het ziekenhuis lag werd mijn vader ernstig ziek. Hij verbood mijn moeder mij op de hoogte te stellen. 'Ze ligt zelf in het ziekenhuis en heeft kleine kinderen, ik wil geen extra zorg voor haar zijn.' Maar ik had vreemde dromen. Ik zag mijn ouderlijk huis voor me, helemaal vol mensen. Ik zat ergens binnen. Ik huilde en huilde, maar niemand vroeg me waarom. Ik wist niet wat die droom betekende, maar wel dat er iets mis was. Een paar dagen later bleek mijn vader te zijn gestorven. Ik wilde zo ontzettend graag bij mijn familie zijn, maar het duurde nog een maand voor ik naar ze toe kon. Die afstand tussen mij en hen was verschrikkelijk. Toen ik weer in Marokko was, merkte ik dat neven en nichten die na mijn vertrek zijn geboren, mij nauwelijks herkenden. Ik hoorde daar niet meer thuis. Dat was pijnlijk, want in Nederland hoor ik ook niet. Ik heb de taal geleerd, cursussen en lessen gevolgd. Ik heb leren fietsen, gewandeld en Nederlands leren spreken en koken, maar ik ben altijd een vreemde gebleven. Mijn moeder is een paar jaar geleden zes maanden in Nederland geweest. Ik heb haar overal mee naar toe genomen: de markt, het clubhuis, de school. Aan het einde van haar verblijf zei ze: 'Ik wens je veel succes met alles hier, maar dit is niets voor mij.' Ze was zo blij dat ze weer naar haar land terugging. Dat raakte me. Maar al zou ik willen, ik kan hier niet meer weg. Mijn kinderen zijn in Nederland opgegroeid en zullen er blijven. Het zijn twee werelden en ik zweef er tussenin.

De buurt is veranderd. Veel mensen van vroeger zijn verhuisd en mevrouw Prins is overleden. Het is minder gezellig. De eerste Marokkanen werden verwelkomd, tegenwoordig merk ik dat mensen ons liever kwijt dan rijk zijn. Vroeger waren mensen op straat heel vriendelijk en behulpzaam. Nu krijg ik dingen naar mijn hoofd: 'Rot op naar je eigen land!' of 'Wat doe je hier?' Ik zeg nooit iets terug, maar het raakt me wel. Ik wil geen verdeeldheid, ik wil vrienden. De volgende generatie zal het denk ik moeilijker krijgen. De kranten, tv, op straat, overal zijn wij het onderwerp van gesprek. Ik keek vroeger altijd naar het nieuws, maar daar ben ik mee gestopt. Ik word er droevig van.

Mijn kinderen doen het goed in Nederland. Ze hebben ge-

Halima en haar kinderen op de boot, 1984

studeerd en verdienen hun eigen geld. Ik ben trots op hen, maar ik denk wel dat het zwaar is voor vrouwen om te werken en een gezin te hebben. Vrouwen hier hebben zo veel stress. Ze hoeven natuurlijk niet als een gehandicapte thuis te gaan zitten, alleen nemen ze al snel te veel hooi op hun vork.

Ik heb geprobeerd mijn kinderen goed op te voeden, maar het is een moeilijke tijd, er is zoveel onrust. Het liefst wilde ik de zorgzaamheid van mijn moeder doorgeven, het luisteren en de rust. Mijn oudste dochter Nadia lijkt het meest op haar. Zij houdt ook van Marokko. Als we daar op vakantie waren toen ze nog klein was, kon ik haar prima een week alleen bij haar oma laten. Dan hielp ze mee brood bakken, schoonmaken, koken. Ze miste mij niet. Mijn andere kinderen wel, die kon ik niet zo gemakkelijk bij familie achterlaten.

Als ik weer mocht kiezen zou ik in mijn eigen land blijven, ook al had ik dan weinig geld. Het gaat er niet om dat je rijk bent, maar dat je gelukkig bent en dat was ik daar. Nu ben ik nergens thuis en nergens echt welkom. Mijn kinderen zullen hier trouwen en kinderen krijgen. Het is onmogelijk voor hen om terug te gaan, dat weet ik. Ik heb de oversteek gemaakt en hen hier gebracht. Als zij terug zouden gaan naar Marokko krijg je weer hetzelfde verhaal.

Nadia (1973)

Op een bepaalde manier is mijn moeder een kind. Ze is heel erg afhankelijk van sociale contacten en kan niet alleen zijn. Ze durft veel dingen te doen, maar wil sociaal niet uit de toon vallen. Populair zijn is voor haar ontzettend belangrijk. Mijn vader heeft haar nooit opgesloten en mijn moeder wilde graag als de westerse vrouwen zijn. Vroeger liep ze zonder hoofddoek met kort haar en strakke broeken. Helemaal hip. Ze wilde zijn zoals de andere moeders op het schoolplein.

Nadat ze op bedevaart naar Mekka is geweest, is ze zich meer op het spirituele gaan richten, dat is een paar jaar geleden. Mijn moeder wilde veel, maar ze was bang. Ze dacht altijd dat ze het niet kon. Ik voelde als kind die angst voor haar omgeving en ging op zoek naar sporen van wat haar bedreigde. Ik hield mensen goed in de gaten. Als ze iets over haar zeiden, waren mijn oren gespitst. Zelf was ik nergens bang voor, dat werkte simpel in mijn hoofd: zij was bang, dus was ik het niet. Ze wilde dolgraag de taal beheersen en kunnen lezen en schrijven. Toen ik ouder werd leerde ik haar alles wat ik op school leerde.

Ze kreeg na een aantal jaar in Nederland wel haar netwerk; mensen met wie ze poffertjes bakte, ging fietsen en zwemmen, maar ze heeft me altijd nodig gehad.

Mijn moeder en ik hadden een extreem sterke band. De andere kinderen gingen hun eigen gang, maar als oudste voelde ik me de beschermer van de familie. In leeftijd schelen we niet veel; ze was vijftien toen ze mij kreeg. Dat is waarschijnlijk een van de redenen waarom zij mij meer zag als haar vertrouwenspersoon dan als haar dochter. Op jonge leeftijd had ik al lange gesprekken met haar over wat ze meemaakte. Dat deed ze niet met de anderen. Ze herhaalde tegen mij voortdurend haar problemen. Voor haar was het een soort verwerkingsproces en voor mij was het een ondersteuning. Ik voelde dat ze mij nodig had.

Als ik terugkijk, denk ik dat het er mee te maken had dat ze zo jong getrouwd is en nooit echt met zichzelf bezig is geweest. Ze was op een bepaalde manier heel onvolwassen.

Volgens mij pakte dat huwelijk compleet anders uit dan ze had gehoopt. Ze dacht: nu ga ik mijn eigen leven leiden, in mijn eigen huis. Nu ben ik vrij. Maar ze kwam onder het regime van mijn oma, en dat was totaal niet wat ze had verwacht. Ze wilde eigenlijk niet meteen moeder worden, maar mijn vader was idolaat van kinderen en heeft gewoon de pil afgepakt. Dan zou ik zeggen: 'Ik houd mijn benen bij elkaar.' Maar zij was niet

Nadia en zusjes zwaaien op de boot, 1984

assertief. Ze besefte niet dat ze dat recht had. Ze was zich denk ik ook niet bewust van wat ze zelf wilde, want vrouwen leerden in die tijd helemaal niet kiezen. Kinderen krijgen was voor haar lichamelijk heel zwaar. Ze kon nauwelijks eten, was heel ziek. Ik kan me wel voorstellen hoe moeilijk het is als je bepaalde verwachtingen hebt en het wordt allemaal totaal anders. Toen ging ze ook nog eens naar een andere wereld waar ze helemaal op zichzelf werd teruggeworpen, waar ze niets snapte. Bovendien zag ze in Nederland welke mogelijkheden er allemaal zijn en wat zij had gemist.

Ik denk dat ze heel graag zichzelf heeft willen ontwikkelen. Ze is leergierig en ambitieus, maar heeft altijd het gevoel dat ze op alle vlakken tekortschiet. Dat is een dodelijke combinatie. Je kan niet lezen, niet schrijven en dan ga je dat leren en dan merk je: dat is het einde niet. Er is nog zoveel meer.

De kind-moederverhouding was tussen ons, op zijn zachtst gezegd, vreemd. Ze had een soort afhankelijkheid, zij wilde mij niet loslaten. In de puberteit ging het mis. Ik wilde ontdekken wie ik was, maar elk klein dingetje dat ik op mijn manier deed, zag ze als afstand tussen ons. Het ging heel ver, zelfs de manier waarop ik de stofzuiger vasthield wilde zij bepalen.

Ik was echt geen opstandige puber. Ik ging niet uit, had geen vriendjes maar ik wilde wel mezelf kunnen zijn.

We zijn in die periode heel erg uit elkaar gegroeid. Zij was agressief en maakte overal een grote discussie van. Ik was niet tegen haar opgewassen. Het enige wat ik kon doen was haar negeren, soms maanden achter elkaar. Ik wist dat alles wat ik zei een discussie opleverde, dus zweeg ik en ontweek haar. Als ik eenmaal in zo'n periode zat, kwam ik daar bijna niet uit. Ik durfde op een gegeven moment echt niet meer met haar te praten. Zij doorbrak het altijd met enorme tirades en scheldpartijen. Ze deed alles om mij te raken. Achteraf zie ik dat ze bang was om mij kwijt te raken.

Ze was niet alleen tegen mij onredelijk, maar de andere kinderen lieten het gewoon over zich heen komen. Ik was te trots om me te laten uitschelden. Daardoor isoleerde ik mij van het gezin, ik verzette mij. Mijn vader probeerde te bemiddelen, maar dat had geen effect. Ik voelde dat ik er alleen voor stond. Mijn moeder maakte het mij onmogelijk om op enige manier tot mezelf te komen. Ze trok aan mij, schold op mij en ging maar door en door. Toen ik tweeëntwintig was barstte alles en is het geëscaleerd. Ze stookte mijn zusje op om mij te pesten, dat deed ze soms, en die dag werd ik zo woedend dat ik mijn zusje achterna ging om haar een klap te geven. Mijn moeder probeerde me tegen te houden en toen gaf ik haar een harde duw. Ze vloog door de gang. Ik was zo woedend dat ik zelfs een deur uit zijn voegen sloeg. Alles wat ik in jaren had opgekropt kwam eruit. Ik was wekenlang hysterisch. Mijn ouders hebben geprobeerd met mij te praten, en het enige wat ik zei was: 'Dit wil ik nooit meer.'

We zaten rondom de tafel in de woonkamer en elke keer als ze iets zeiden wat onredelijk was tilde ik de tafel in de lucht en liet hem hard op de grond neerkomen.

Toen dacht ik: voor mijn eigen gemoedsrust moet ik hier weg. Het enige wat ik wilde was mezelf zijn, maar dat kon niet thuis. Mijn moeder is zo bang voor afwijking dat alles onder haar controle moet blijven. Haar grote angst is buitengesloten te worden. Vroeger vertelde ik haar alles, maar ik wilde ook mijn eigen verhalen hebben.

Ik ging op mezelf wonen in een studentenhuis. Nog steeds zat ik vol woede. Ik voelde me verwaarloosd. Mijn ouders belden niet en vroegen me nooit of ik wat nodig had. Als mijn huisgenoten bezoek kregen van hun ouders was ik de hele dag kwaad.

Het heeft lang geduurd voor mijn moeder en ik weer tot elkaar kwamen. Sinds anderhalf jaar heb ik er mee leren dealen.

Ik kan nu eindelijk aan haar denken zonder boos te worden. Ik was woedend over het feit dat zij me zo onzeker heeft gemaakt.

Ik was het probleem in het gezin, omdat de andere kinderen haar grillen accepteerden. Op een gegeven moment heb ik dat geaccepteerd. Dat klinkt simpel, maar het was een enorme berg en ik weet niet of ik het al helemaal heb opgelost. In ieder geval heb ik geen eindeloze ruzies meer in mijn hoofd en geen nachtmerries meer. De agressie en woede gingen een eigen leven leiden; ik zag de woede in alles. Als ik iemand op straat zag die me irriteerde, haatte ik hem. Eigenlijk haatte ik iedereen. Nu denk ik wel eens: wat een leuk rokje heeft dat meisje aan. Dat is zo'n opluchting. Dat heb ik tot begin dit jaar niet gevoeld. Mijn moeder voelt dingen aan en kan soms recht bij iemand naar binnen kijken, dat hebben mijn oma en ik ook. We dromen over mensen en weten dan wat er aan de hand is. Ik heb dat geblokkeerd. Ik wil niet meer dat ze bij mij naar binnen kan kijken, dus heb ik mezelf voor haar afgesloten, dat scheelt.

Ik merk de laatste tijd dat ze weer contact met mij wil. We hebben over onze problemen gepraat en ze heeft gelukkig haar excuses aangeboden. Nu zijn we gewoon twee vrouwen, meer niet. Noch dochter, noch moeder.

Gisteren zat ik op mijn balkon en vroeg mij af: zou ik andere ouders willen? En toen dacht ik: nee. Het belangrijkste is de onderstroom van liefde en ik weet dat we die allebei voelen.

Maar liefde is niet alleen maar liefde en in naam van de liefde doen mensen rare dingen. Uiteindelijk weet ik dat zij alleen maar dicht bij mij wilde zijn.

ZOELIKHA (±1966)

Driemaal bezocht ik het graf van een heilige
en slachtte bij elk bezoek een kip. Zo kreeg ik eindelijk mijn kind.

De dag dat ik naar Nederland kwam herinner ik mij als de dag van gisteren. Niet alleen vanwege de doodsangsten die ik uitstond in het vliegtuig, maar ook omdat ik die dag eindelijk werd verlost van mijn leven in het dorp waar ik vandaan kom. Ik nam afscheid van mijn familie en schoonfamilie en heb geen traan gelaten. Alleen toen ik mijn zusje omhelsde, voelde ik verdriet. 'Ik laat je overkomen,' beloofde ik. Met mijn man en mijn dochter reed ik naar het vliegveld in de stad en pas toen het vliegtuig opsteeg, durfde ik te geloven dat ik vrij was.

Ik ben geboren in een dorp in het Rifgebergte, vlakbij de stad Al Hoceima. Het leven daar was niets bijzonders, net als in de andere dorpen om ons heen. We werkten hard, hadden weinig, en niemand klaagde. Mijn ouders hadden zeven kinderen. Eerst drie meisjes, toen twee jongens van wie de jongste zwakzinnig was en daarna, toen mijn moeder hoopte verder alleen nog maar jongens te krijgen, kwamen ik en mijn zusje.

Mijn moeder riep vaak uit dat wij dochters haar zoveel last bezorgden, omdat ze ons allemaal aan de man moest krijgen.

'En jullie,' zei ze tegen mij en mijn zusje, 'jullie hadden mijn jongste zoons moeten zijn, die voor hun moeder konden zorgen.'

Het was in die tijd ook moeilijk om veel dochters te hebben. Dochters, om hen moest je je de hele tijd zorgen maken. Ze konden om het minste of geringste een schandaal veroorzaken: een hoofddoek te ver naar achteren, zomaar met een jongen praten.

Maar mijn moeder heeft het handig aangepakt. Mijn twee oudste zussen werden al jong aan mannen uit een naburig dorp uitgehuwelijkt. Mijn andere zus en ik werden beloofd aan twee neven, de zonen van mijn moeders oudere zussen. Zo was al op mijn tiende bepaald dat ik de vrouw zou worden van mijn neef Ahmed. Ik vond het best. Ik zag hoe andere meisjes jarenlang onzeker waren over hun toekomst omdat ze niet wisten wie hen ten huwelijk zou vragen. Dat begon al vroeg, vanaf hun twaalfde of dertiende. Die onzekerheid heb ik gelukkig niet gekend.

Ik zag mijn neef vaak lopen, hij woonde een paar huizen verderop en ik mocht hem altijd graag. Hij was de jongste en de vriendelijkste van mijn neven en nichten. Nooit zag je hem boos kijken, hij had altijd een lief gezicht.

Zijn ouders stonden bekend als harde mensen die hun schoondochters flink lieten werken, maar werken was ik wel gewend en ik keek uit naar de dag dat we zouden trouwen. Dat was vooral omdat ik als getrouwde vrouw meer aanzien zou hebben. Mijn moeder schreeuwde de hele dag tegen mij en mijn zussen: 'Ga water halen', 'breng de koeien weg', 'maak het ontbijt klaar'.

We moesten hard worden, zei ze, anders had niemand iets aan ons. Toen ik ongeveer vijftien was, kwam er bovendien nog een reden bij dat ik met hem wilde trouwen: zijn vader ging naar Nederland om te werken. Het gebeurde vaker dat een vader dan zijn zoons over liet komen en die zoons hun vrouwen. Als alles meezat zou ik misschien wel in een groot huis met licht en stromend water eindigen, ergens ver weg van de bergen en de koeien. Maar dan zou ik wel zonder mijn zusje en broer moeten leven en dat wilde ik niet.

Ik scheelde weinig met mijn jongste zusje en we deden alles samen. Mijn zwakzinnige broer Said namen we mee als we op pad gingen. Er werd niet veel naar hem omgekeken. Een paar huizen verder woonde nog zo'n jongen en daar kon hij het goed mee vinden. Werken deed hij niet, soms kleine taken, maar dat ging vaak mis. Als hij water moest halen, vergat hij de flessen bij de bron. Een straf van God, zeiden mensen in het dorp over hem. Maar ik en mijn zusje vonden Said leuker dan onze andere broer. Hij kwam vaak insecten brengen, of dode vogels. Daar kon hij uren naar kijken. Op een vaste plek voor het huis zat hij vaak voor zich uit te staren. Als je dan van een afstand naar hem keek, leek hij net een standbeeld.

Met mijn drie oudere zussen had ik weinig contact. Natuurlijk werkten we samen in en rond het huis, maar ze waren altijd aan het praten over jongens en aan het roddelen. Ik denk dat ze mij en mijn zusje te jong vonden om in vertrouwen te nemen.

Toen zij een voor een trouwden werd het steeds stiller in huis. Ik was blij met de ruimte, alleen moesten ik en mijn zusje nu harder werken.

Op een dag kwam mijn tante naar ons toe. Ik was toen ongeveer zeventien. Ze bleef eten en vroeg mij of ik naast haar kwam zitten. Ik wilde niet, want ik had bij haar altijd een slecht gevoel.

Ze pakte mijn schouder, kneep er hard in en zei toen: 'Mijn zoon is klaar om te trouwen, wat dacht je ervan?' Ik wilde best, maar bij de gedachte dat ik weg zou gaan van mijn zusje en broer begon ik te huilen. 'Wil je of niet?' vroeg mijn tante. Toen zei ik 'ja'. Er zat niets anders op, en vroeg of laat moest het er toch van komen.

Het duurde nog een paar maanden tot het huwelijk plaatsvond en een paar dagen ervoor werd ik ontzettend zenuwachtig. Ik wist niet wat ik moest doen als we eenmaal getrouwd waren en ik was bang voor de huwelijksnacht.

Mijn moeder gaf me een doekje. 'Daar moet je op bloeden, als mensen later zeggen dat je geen maagd meer was, is dit je bewijs.' Ook zei ze me dat ik in de huwelijksnacht meteen met hem naar bed moest. Zo hoort het.

Op de trouwdag werd ik helemaal mooi aangekleed en opgemaakt. Maar ik huilde zoveel dat ik er niet uitzag. Mijn neef heb ik de hele dag niet gezien. Hij was bij de mannen, die apart feest vierden. 's Avonds werd ik door hem en een grote groep familieleden, kennissen en vrienden opgehaald en meegenomen naar het huis van zijn ouders.

Ik trilde van angst en zenuwen. Hij merkte dat en zei dat ik me geen zorgen hoefde te maken. Dat hielp. De huwelijksnacht viel mee. Het deed een beetje pijn, maar niet erg, en gelukkig bloedde ik.

De eerste week van ons huwelijk was ik gelukkig. Ahmed was vriendelijk. Maar toen kreeg ik te maken met mijn tante die nu mijn schoonmoeder was.

Die eerste week had ze me gegeven om een beetje te wennen en haar huishouden te leren kennen. Daarna moest ik gaan werken. Niets was goed genoeg voor haar. Hoe ik thee zette, kookte, afwaste, overal had ze kritiek op.

Ik dacht dat het wel over zou gaan, dat ik mij even moest bewijzen, dus deed ik nog meer mijn best. Na drie weken kwam het grote nieuws: mijn schoonvader wilde Ahmed naar Nederland halen. Het land van honing, zo noemden wij dat. Ik stelde het me voor als het paradijs. Werk voor het oprapen, nieuwe spullen die gewoon op straat werden gezet en alles wat je wilde eten bij elkaar in één winkel. Ik was dolgelukkig. Als hij daar ging werken zou hij zakken met geld verdienen en mij kunnen laten overkomen. Maar eerst ging hij alleen en ik miste hem vanaf de eerste dag dat hij weg was.

Ik had kunnen weten wat er toen zou gaan gebeuren, want van andere families had ik de verhalen gehoord. Omdat Ahmed als enige zoon door zijn vader naar Nederland was gehaald, waren de anderen boos en dat reageerden ze af op mij.

De reden dat alleen Ahmed meeging was omdat hij de enige was zonder kinderen. Zijn twee oudere broers lieten mij vanaf

Doucheruimte bij Zoelikha in Marokko, 2005

die dag merken dat ze me liever kwijt waren, maar hun vrouwen, Samira en Naima, waren erger. Vooral Samira, de vrouw van zijn oudste broer, maakte mij het leven zuur. Ze snauwde me altijd af en liet me elke taak die ik deed overdoen, omdat ze vond dat ik te slordig was.

Soms moest ik water halen, wat veel tijd kostte, en dan leegde ze een kruik. Als ik dan terugkwam bij het huis, dan stuurde ze me weer naar de bron om die kruik alsnog te vullen. Dan kwam ik te laat terug om te helpen met koken en vonden ze dat ik geen recht had om net zo veel te eten als zij.

Met Samira durfde ik niet in discussie te gaan; er werd van haar gezegd dat ze het boze oog had. Wie haar kwaad maakte kwam in de problemen. Ook mijn schoonmoeder liet me niet met rust. Ik werd de hele dag door haar gecommandeerd.

Soms werd ik er wanhopig van, maar gelukkig kwam mijn zusje vaak langs. Zij was nog niet getrouwd en kon dus gemakkelijk op bezoek komen. Aan haar vertelde ik hoe ik me voelde en ze maakte me altijd aan het lachen.

Maar op een ochtend, toen Ahmed een paar maanden weg was, kwam ze huilend naar ons huis rennen. 'Said is dood,' zei ze. Hij had urenlang op zijn plek voor het huis gezeten en was toen ineens van zijn stoel op de grond gezakt. Mijn vader zei dat zijn hart het had begeven, dat mensen als Said slechte harten hebben en daarom maar half zo oud werden. Mijn schoonmoeder en schoonzussen toonden geen medeleven. 'Je moeder had niks aan hem,' zeiden ze. Alleen mijn zusje en ik misten Said. De eerste week na zijn begrafenis werd ik om de kleinste dingen vreselijk verdrietig. Maar ik liet het niet merken. Het kon ze toch niets schelen hoe ik me voelde en huilen waar mijn schoonfamilie bij was zou ik nooit doen.

Ik begon in die tijd heel erg te verlangen naar een kind. Als Ahmed nou maar terug komt, dacht ik, dan kan ik zwanger worden. Met een kind zou mijn schoonfamilie me wel met rust laten.

In de zomer, een half jaar nadat hij naar Nederland was vertrokken stond mijn man weer voor de deur. Ik was zo blij dat hij terug was. Het moet lukken, dacht ik. Ahmed bleef maar veertien dagen, toen moest hij weer terug. Met pijn in mijn hart nam ik afscheid van hem. Ik had hem niet verteld hoe zijn moeder en schoonzus mij het moeilijk maakten.

Ik was bang dat hij het voor zijn moeder op zou nemen en zou denken dat het mijn fout was. Als jong meisje leerde je immers al: 'Nooit je man boos maken!' Je kon beter alles zelf oplossen dan dat hij een verkeerde gedachte over je had. Ik hield dus mijn mond.

Toen ik vlak na zijn vertrek naar mijn kamer ging om het bed op te maken, gebeurde er iets waardoor ik knapte. Ik schudde mijn kussen op en zag ineens iets liggen, een bosje kruiden, bij elkaar gebonden met een elastiekje.

Ik wist meteen wat het was: zwarte magie, om ervoor te zorgen dat ik niet zwanger werd. Ik werd helemaal koud. Er was maar één iemand die het gedaan kon hebben. Ik durfde de kruiden niet aan te raken dus legde ik ze op het kussen en rende ermee naar mijn schoonzus. Ze zat in de keuken en ik viel op mijn knieën voor haar. 'Waarom doe je me dit aan?' vroeg ik huilend. 'Waarom haat je mij zo?'

Mijn schoonzus keek me heel rustig aan. 'Wat wil je eraan doen?' zei ze. En daarna: 'Wat sta je hier nog? Je had allang water moeten halen.' Toen ik haar aankeek liepen de rillingen over mijn rug. Haar blik was hard en kil als van een slang, zonder genade.

Trillend legde ik het kussen terug in mijn kamer. De kruiden verbrandde ik. Ik pakte de muilezel, deed de kruiken in de zadeltassen en ging naar de bron. Er was niemand en ik voelde me angstig. Iedereen weet dat 's avonds de djinns, geesten, rondhangen bij de bron. En als een vloek over je is uitgesproken of het boze oog tegen je is gebruikt, ben je extra kwetsbaar. Heel snel vulde ik de flessen. Het begon al te schemeren.

Toen ik terugliep de berg op stond er ineens een klein kind op de weg, een jongetje. Ik had hem nog nooit gezien en aan de manier waarop hij uit zijn ogen keek zag ik dat het een geest was. Wat deed een kind trouwens op dit tijdstip bij de bron? Ik

*Bij Zoelikha
in Marokko, 2005*

versteende van angst. Het jongetje vroeg of hij mee mocht rijden op de ezel. Al had ik het gewild, dan had ik niks kunnen zeggen, zo bang was ik.

Snel pakte ik de teugels en leidde de ezel verder, het jongetje liep achter me aan. Hij zei niks. Ik keek recht voor me uit. Halverwege de berg draaide ik me om. Hij was verdwenen.

Na dat voorval wist ik dat er geesten op me af waren gestuurd. Ik werd heel voorzichtig. Eten dat mijn schoonzussen me gaven at ik niet, ik probeerde zo ver mogelijk bij Samira uit de buurt te blijven en zorgde ervoor dat ik nooit mijn haren kamde wanneer zij het zag. Iedereen wist: iemand die een haar van je heeft, kan zwarte magie over je uitspreken. 's Nachts schrok ik vaak wakker van vreemde geluiden. Ik zag schaduwen en dacht dat mijn schoonzus mijn kamer in kwam om weer iets neer te leggen. Mijn zusje kwam op een middag naar me toe. Ze zag dat ik me slecht voelde en ik heb haar toen alles verteld.

Ze stelde voor naar de genezeres een dorp verderop te gaan en haar om een middel te vragen dat de zwarte magie ongedaan zou maken.

Met de smoes dat ik bij mijn moeder op bezoek ging, verliet ik een ochtend heel vroeg het huis. Mijn zusje wachtte me op. Toen we bij het huis van de genezeres aankwamen, gebaarde haar dochter dat we verder konden komen. Op de binnenplaats van het huis zat de vrouw, op een grote schapenvacht. Ze vroeg me te gaan zitten en onderzocht mijn lichaam.

Ik vertelde haar het verhaal van de betoverde kruiden, maar

volgens haar was er meer aan de hand. 'De vrouw die jou dit heeft aangedaan heeft veel kwaad in de zin,' zei ze. 'Ze heeft het zakmes gebruikt.' Ik wist meteen wat ze bedoelde. Iemand kan een bezwering over je uitspreken met een nieuw zakmes. Ze roept je naam en steeds als jij 'ja' antwoordt klapt ze het mes uit en zegt ze de bezwering. Als je drie keer 'ja' zegt is de bezwering voltooid. De genezeres zei dat ik voorzichtig moest zijn en gaf me kruiden om thee van te maken. 'Ik weet niet of het helpt,' zei ze toen ik wegging, 'er is een sterke bezwering over je uitgesproken.'

Op een ochtend werd mijn schoonmoeder woedend omdat ik volgens haar smerige thee had gezet. 'Waarom ga je niet terug naar je moeder?' riep ze. 'Je werkt slecht, je praat niet en je geeft ons geen kinderen. Er is iets mis met je.'

Het was precies waar ik bang voor was. Een schoondochter die geen kinderen baart is nutteloos. Het zou haar reden geven om te gaan stoken tussen mij en Ahmed en dan zou hij misschien willen scheiden. Ik moest haar vertellen wat Samira had gedaan. Ze liet me niet uitpraten. Na een paar zinnen schreeuwde ze tegen me dat ik probeerde mijn schoonzus zwart te maken. Dat het mijn eigen schuld was dat ik geen kinderen kreeg en dat ze spijt had dat ze naar mijn moeder had geluisterd en haar zoon aan mij had verspild.

Maar een week later liet ze de vroedvrouw komen. 'Misschien is je buikje gevallen,' zei ze. De vroedvrouw probeerde mijn buik weer omhoog te krijgen. Ze masseerde me drie dagen. Ik schreeuwde het uit van de pijn. Na elke massage bond ze een deken strak om mijn buik en moest ik stil blijven liggen.

Mijn schoonmoeder kwam dan bij me zitten. Ze was streng en zei dat ik de volgende keer dat Ahmed kwam, zwanger moest worden. 'Anders zoek je maar een nieuwe verblijfplaats.'

De weinige keren dat ik mijn ouders bezocht, mocht ik niet klagen over mijn schoonfamilie. Mijn moeder zei dat ik blij moest zijn met een man in Nederland en dat een schoonfamilie nu eenmaal het lot is van een getrouwde vrouw.

Ik werd door iedereen in huis slecht behandeld. Als Ahmed een brief of cassettebandje stuurde, was ik de laatste die dat hoorde en er werd me nooit gevraagd om iets in te spreken op de bandjes die ze terugstuurden.

Ook van het geld dat hij overmaakte zag ik niets terug. Het duurde een jaar voordat ik mijn man weer zag. Toen hij op een dag in de zomer weer naar het dorp kwam stroomde ik over van geluk. 's Nachts naast hem slapen gaf me zo'n veilig gevoel dat ik wilde dat hij nooit meer wegging.

Elke nacht bad ik dat ik zwanger zou worden. Hij bleef kort, misschien twee weken. De dag dat hij zijn spullen weer pakte hield ik het niet meer vol. Ik kon mijn verdriet niet meer verbergen en ik smeekte hem mij mee te nemen naar Nederland.

'Ben je dan niet gelukkig hier?' vroeg hij. Daar durfde ik geen antwoord op te geven, ik wilde niet ondankbaar lijken tegenover zijn familie. Hij zei me dat hij zijn best zou doen, maar dat het wel even kon duren. 'Geduld,' zei hij en toen vertrok hij weer.

Een week erna begon ik te bloeden. Het was weer niet gelukt.

Daarop volgde een periode waarin niets mij meer raakte. Ik was niet bang meer voor mijn schoonzus, het kon me niets schelen dat ik zo hard moest werken en ook niet dat niemand aardig tegen me deed. Mijn zusje kwam nog steeds vaak langs. Ze klaagde dat onze moeder haar wilde dwingen te trouwen met een veel oudere man. Ik luisterde niet eens naar haar, ik kon alleen maar voor mij uitstaren.

Ze wist wel dat ik ongelukkig was, maar zij kon ook niets doen. Ik dacht dat ik nooit kinderen zou krijgen, dat Ahmed van me zou scheiden en ik terug zou moeten naar mijn moeder om het leven van een gescheiden vrouw te leiden. Een leven dat niemand wil in het Rifgebergte.

Ik zei vaak tegen mezelf dat ik geduld moest hebben, maar ik geloofde er niet meer in. Mijn schoonzus merkte ook dat ik veranderde, dat ik rustiger werd en volgens mij vond ze dat prettig, want ze hield zich koest. Ik werkte hard, at bijna niets en ging nooit in discussie als ik kritiek kreeg. Het was duidelijk dat er geld binnenkwam, want langzaamaan werd het huis opgeknapt en kochten mijn zwagers dure spullen. Iedereen profiteerde van het werk van Ahmed en zijn vader, behalve ik.

Maar het werd weer zomer en Ahmed kwam weer, met zijn vader dit keer. Ik leefde op vanaf het moment dat ik hem zag. Nu moet ik tot het uiterste gaan om te krijgen wat ik wil, dacht ik. Ik strooide *misjisjroe*, een soort kruid, in de wasruimte en zocht lichte stenen van gelijke grootte bij elkaar. Die verhitte ik op een vuur tot ze roodgloeiend waren. Mijn zusje gooide ze op de kruiden en sprenkelde er water overheen. Ik ging, gehuld in een deken, met mijn naakte onderlijf boven de kruiden hangen. Toen ik zo zweette dat ik duizelig werd, ging ik op bed liggen.

Zo gingen alle vrouwen die maar geen kinderen kregen te werk. Iets anders wat veel gedaan werd heb ik ook geprobeerd: ik bezocht drie maal het graf van een heilige in een dorp dicht bij het onze. Bij elk bezoek slachtte ik een kip die maar één kleur had, en die bereidde ik daar.

Het waren goede weken met Ahmed. Als mijn schoonmoeder tegen hem klaagde over mij, zag ik dat hij niet geïnteresseerd was in haar praatjes. Tegen mij was hij heel lief en als hij in mijn buurt was, hield zijn familie zich koest. Hij vertelde me hoe mooi Nederland was. Dat niemand hard hoefde te werken, dat alles goed geregeld was en de mensen zo rijk dat ze veel dingen dubbel hadden.

Ik wilde zo graag dat hij mij meenam, maar ik durfde het niet nog eens te vragen. Voordat hij wegging zei hij nog een keer dat ik geduld moest hebben, dat de dag zou komen dat hij mij meenam. Ik voelde me koud worden toen hij wegreed, maar ik hoopte heel sterk dat ik dit keer zwanger zou zijn. Toen ik na een paar weken nog steeds niet bloedde wist ik het zeker. Natuurlijk was ik heel erg gelukkig, maar ik was ook bang. Als mijn schoonzus erachter zou komen, zou ze zeker haar best doen om het voor mij te verpesten. Ik hield mijn buik verborgen en probeerde niet te laten merken dat ik soms zo ziek en duizelig was dat ik overgaf. Als ik voedsel zocht voor de koeien viel ik bijna om, door het steeds bukken en weer omhoog komen tolde mijn hoofd.

Op een dag kwam ik terug van het water halen. Eén zware kruik droeg ik op mijn rug omdat die niet meer in de zadeltassen van de ezel paste. Een eind voor het huis kwam mijn schoonmoeder mij tegemoet en nam de kruik van mij over.

Ze werd iets vriendelijker en liet mij minder zware taken doen, waardoor ik mij wat beter voelde. Ik bleef bang dat mijn schoonzus iets door mijn eten of drinken zou doen. Elke dag dat het kind in mijn buik bleef dankte ik God.

Op een dag vond ik een bandje uit Nederland. Toen iedereen het huis uit was stopte ik het in de cassetterecorder. Het was van Ahmed. Hij zei dat hij blij was met het nieuws en dat hij zo snel mogelijk na de geboorte zou komen.

Zijn broers hadden hem dus laten weten dat ik zwanger was. Ik kon niet wachten tot we samen waren met het kind, eindelijk een gezin.

Ondanks mijn angsten ging de zwangerschap goed. Maar de bevalling duurde zo lang dat ik dacht dat er nooit een kind zou komen. Urenlang schreeuwde ik het uit. De vroedvrouw zei telkens dat ik door moest gaan en uiteindelijk kwam het kind; een meisje, Maryam. Mijn schoonmoeder was erbij en ik zag de teleurstelling op haar gezicht.

Mij kon het niet schelen, ik had alleen voor Ahmed gehoopt dat zijn eerste kind een jongen zou zijn. Het was nou eenmaal zo dat we liever jongens kregen, meisjes betekenden zorgen aan je hoofd.

Iedereen in huis liet dat ook merken. Naima, die zelf al twee zoons had, zei alleen maar: 'Jammer voor je.' Maar ik was blij met mijn meisje. Als ik naar haar keek werd ik gelukkig, er was nu eindelijk iemand die altijd bij me was en van mij hield.

Ik werd warm van haar kleine handjes en voetjes en vond haar het mooiste kind dat ik ooit had gezien. Een paar maanden na de bevalling kwam Ahmed. Even was ik bang dat hij teleurgesteld zou zijn, maar hij pakte zijn dochter op en ik zag meteen dat hij van haar hield.

Hij bleef een paar weken en alles was goed. Ik probeerde meteen weer zwanger te worden, maar dat lukte niet. Hij zei dat het niet lang meer zou duren voordat ik mee kon naar Nederland. Toen hij wegging had ik daar vertrouwen in en een tijdlang voelde ik me gelukkig. Maar Ahmed en zijn vader kwamen de volgende zomer niet en mijn schoonmoeder werd weer gemeen. Ze zeurde steeds dat ik haar na tweeënhalf jaar niets had gegeven dan een kleindochter en ook tegen Maryam, die gelukkig nog te klein was om het te begrijpen, zei ze gemene dingen.

Mijn schoonzus kreeg nog een zoon en haar kinderen werden voorgetrokken op Maryam. Er ging nog een zomer voorbij zonder Ahmed. Samira zei dat hij me vast vergeten was en misschien een andere vrouw uit het dorp zou trouwen omdat ik hem niet beviel. Ik wilde haar niet geloven, maar wat als ze gelijk had?

Niet veel later kwam mijn schoonvader naar het dorp, zonder Ahmed. Ik durfde hem niet te vragen waar mijn man was, maar mijn hart werd koud.

Tijdens het eten vroeg een van mijn zwagers naar Ahmed.

Bij Zoelikha thuis

Zijn vader antwoordde dat hij aan het sparen was voor een huis, en mij zo snel mogelijk over wilde laten komen. Omdat ik mijn vreugde bijna niet kon verbergen drukte ik Maryam tegen me aan. Ik fluisterde in haar oor: we zijn verlost. Maar ik wist ook dat het tot die tijd moeilijk zou worden omdat mijn schoonfamilie nu nog meer reden had om jaloers te zijn.

Waar ik bang voor was gebeurde. Als ik maar even uitrustte tijdens het werk zeiden Naima en Samira: 'Je denkt zeker dat je al in Nederland bent?'

Ze probeerden me gek te maken, zeiden steeds dat ik me niks in mijn hoofd moest halen, dat hij me toch zou laten zitten. Maar mijn zusje praatte me moed in. Zij was nog steeds niet getrouwd tot grote zorg van mijn moeder. Ik was blij, anders zou ze me niet meer kunnen opzoeken.

De volgende zomer had ik het voorgevoel dat mijn man zou komen. Ik kreeg gelijk. Hij bracht koffers mee en zei dat ik twee weken had om afscheid te nemen van het dorp. Ik was liever diezelfde dag nog gegaan.

Die laatste week veranderde alles. Naima en Samira huilden voortdurend dat ze mij zo zouden missen en iedereen in het dorp kwam afscheid van mij nemen.

Ineens hielden ze van mij, omdat ik naar het land met geld zou gaan.

Het liefst wilde ik gemene dingen zeggen tegen Samira, maar ik durfde niet. Het was al zo'n opluchting dat ik niet meer afgesnauwd werd. Daarbij was ik nog steeds bang voor haar. Zo lang ik in haar buurt was kon ze iets over mij afroepen.

Wat ik wel deed was mijn kleren wassen en opvouwen voor de reis op een plek waar Naima en Samira het goed konden zien. Ik bleef al die dagen door bidden: laat er niets gebeuren dat tussen onze reis kan komen. Ik wist niet wat ik me bij Nederland voor moest stellen, maar het zou er zeker mooier zijn dan ons dorp.

Behalve een paar uitstapjes naar Al Hoceima was ik nooit buiten het dorp geweest. Ahmed had me verteld over de grachten in de stad waar hij woonde en dat er 's zomers de hele dag mensen in boten doorheen voeren. En dat er in de winter zoveel ijs op lag dat mensen lopend over het water naar de overkant gingen. Dat wilde ik zien.

Toen het zover was kwam iedereen ons uitzwaaien. Veel mensen huilden. Niet omdat ze ons gingen missen, maar omdat zij achterbleven in het dorp, waar niets was. De enige die ik stevig omhelsde was mijn zusje. Toen ik haar zei dat ik haar over zou laten komen wist ik dat dat niet zou lukken. Ze was al verloofd met de oudere man die mijn moeder voor haar had geregeld. Ze vond hem niks, maar hij zou misschien naar België gaan en dat was voor haar reden genoeg om in te stemmen met het huwelijk. 'We komen snel weer terug,' riepen we toen we onze koffers in de zadeltassen gooiden. Ik hoopte dat dat niet waar was. Met het paard naast ons liepen we naar een dorp lager op de berg. Daar stond een auto klaar die ons naar het vliegveld in de stad bracht. Ahmed had voor mij een paspoort aangevraagd en toen we door de vertrekhal liepen had ik even het gevoel dat we overal heen konden.

Toen we in Nederland aankwamen was het bewolkt en pas buiten, toen we in de auto van mijn schoonvader stapten en naar Ahmeds huis reden, zag ik waar ik was. Er was overal licht en geluid. Ik werd er duizelig van. De weg naar het huis was ook helemaal verlicht, zoiets had ik nog nooit gezien. Hier word ik gelukkig, dacht ik, met zoveel licht.

Ons huis was klein, maar alles was nieuw en schoon en deed het. Er was een slaapkamer, een woonkamer en een keuken. Ahmeds vader nam de slaapkamer, wij met z'n drieën de woonkamer waar we met dekens bedden maakten op de grond. Toen ik de eerste ochtend wakker werd en naar het witte plafond keek, dacht ik: ik ben in een andere wereld terechtgekomen.

Nu Ahmed dit huis had gevonden zou het niet lang meer duren tot ook zijn moeder over zou komen om samen met haar man te gaan wonen.

Ik vond het heerlijk rustig zolang zij er niet was. Ik zat thuis, maakte schoon, wachtte tot Ahmed met de boodschappen kwam en kookte eten. Maryam liep de hele dag om mij heen en ik voelde me eindelijk op mijn plek. Niemand meer om bang voor te zijn.

Maar al na een maand deed mijn schoonmoeder haar intrede in het huis met haar kritiek en gecommandeer.

In het begin deed ik wat ze zei. Het werd haar huishouden, ik volgde. Ik voelde me minderwaardig omdat ik na Maryam nog steeds niet zwanger was geworden.

Ahmeds moeder herinnerde mij daar elke dag aan. Ze bepaalde wat ik moest eten en doen om een zoon te krijgen en elke maand dat het niet lukte werd ze vervelender. Ik wist zeker dat Samira's boze oog mij zelfs op deze afstand onvruchtbaar hield. Niet lang daarna werd Maryam vier en moest ze naar school. Het was om de hoek. Ik bracht en haalde haar elke dag en er ging een wereld voor me open.

Daarvoor zat ik elke dag binnen met mijn schoonmoeder en mijn dochter, er was geen reden om naar buiten te gaan dus deed ik dat ook niet. Nu moest ik wel. Ik zag de straten in onze buurt, de mensen die er woonden en de winkels.

Onder Marokkanen was het onacceptabel om als vrouw alleen zomaar de straat op te gaan, maar Ahmed werkte dubbele ploegendiensten en had dus nooit tijd. Ik moest wel en ik vond het een bevrijding. Maryam was mijn excuus om vier keer per dag mijn schoonmoeder te ontvluchten. Vanaf het moment dat mijn dochter naar school ging veranderde er veel. Op het schoolplein ontmoette ik Rabia, een Arabische vrouw met wie ik vanaf de eerste dag goed kon opschieten. Zij werd mijn eerste vriendin in Nederland. Vlak daarna kocht Ahmed een ander huis, twee straten van ons eerste huis vandaan.

Ik weet niet waarom hij dat deed, maar wel dat ik dolgelukkig was toen hij het me vertelde. Misschien heeft hij gemerkt hoe moeilijk het voor mij was om met zijn moeder te leven, of wilde hij zelf weg van zijn ouders.

Mijn schoonmoeder zei dat we verhuisden omdat Ahmed zo hoopte op nog meer kinderen en daarom een groter huis wilde. Ik heb het hem nooit durven vragen. Na tien jaar huwelijk had hij nog steeds maar één dochter en vaak vervloekte ik mijn lichaam dat maar dood bleef en geen kinderen gaf. Ik ging een paar keer naar een gebedsgenezer in de stad die meteen zag dat er over mij een vloek was uitgesproken. Ik dronk het water waarin de inkt van korantksten was opgelost, maar het hielp niet. 'Nog één zoon,' bad ik bijna elke dag, 'ééntje maar.' Hoewel die zoon niet kwam, heb ik van Ahmed nooit een verwijt gekregen.

Hij had alle reden om nog een vrouw te nemen, maar dat heeft hij niet gedaan en hij is altijd goed voor me geweest. Als ik om me heen kijk naar andere vrouwen, dank ik God voor de man die Hij me gaf.

In het nieuwe huis kon ik doen wat ik wilde wanneer ik dat

wilde. Als ik Maryam 's morgens naar school bracht kwam Rabia daarna met mij mee om koffie te drinken. Ze was drie jaar ouder dan ik en woonde pas een paar maanden in Nederland. Ze had twee zoons en een dochter die een klas hoger zat dan Maryam. Haar man had gestudeerd in Marokko, nu werkte hij bij de PTT: post sorteren.

We verstonden elkaar bijna niet. Ik sprak Berbers tegen haar en zij Arabisch tegen mij, maar met handen en voeten kwamen we er wel uit.

Mijn schoonmoeder wilde niet dat ik met haar omging, Arabieren zijn *imsjoemen* zei ze, onbetrouwbaar. Toen we nog samenwoonden wilde ze Rabia niet over de vloer hebben. Mijn schoonmoeder kwam elke dag langs in ons nieuwe huis, vaak al heel vroeg 's morgens. Als Rabia er zat negeerde ze haar. In het begin vond ik dat erg, maar wat mijn schoonmoeder over mij dacht werd steeds minder belangrijk voor me. Op een dag belde ze aan toen ik met Rabia thee zat te drinken. Ik deed niet open. Ze belde vijf, zes keer aan en ging toen weg. Ik had genoeg van haar controles. Vanaf die dag kwam ze minder vaak langs en werd mijn leven een stuk leuker.

Soms liepen Rabia en ik rondjes door de buurt. Ik durfde niet maar Rabia was vrijer dan ik en nam me mee. 'Waar ben je bang voor?' vroeg ze me. 'De mensen,' zei ik dan, 'en wat ze zullen zeggen.' 'Wat ze zullen zeggen zijn ze morgen al vergeten want dan zien ze weer een ander lopen,' zei Rabia. Zo haalde ze me over om dingen te doen die ik alleen nooit gedurfd had. We gingen samen naar de markt, het winkelcentrum en zelfs een keer naar de dierentuin. Olifanten, leeuwen, pinguïns, zoiets had ik nog nooit gezien. Hoe vaker ik buiten onze buurt kwam, hoe meer ik zag van de Nederlanders. Vaak keek ik lang naar hen. Ze leken me wel aardig, maar ik durfde niet met hen te praten.

De eerste met wie ik contact had was Maryams juf. Een keer, toen ik mijn dochter de klas in bracht, kwam ze naar me toe. Het ging denk ik over Maryam, want ze wees steeds naar haar. Ik wilde niet laten merken dat ik het niet verstond dus knikte en lachte ik en zei een paar keer 'ja', een van de weinige woorden die ik kende. Maar de juffrouw had me door. Ze liep naar haar bureau en pakte een boekje. 'Voor jou,' zei ze. Het was een basiscursus Nederlands voor kinderen. Ik wilde haar bedanken voor dit cadeau, dus die avond bakte ik een cake die ik de volgende dag naar de juffrouw bracht. Aan mijn man vroeg ik hoe ik haar in het Nederlands moest bedanken. 'Dank je wel,' zei ik toen ik haar de cake gaf. Ze was er blij mee en ik was trots op mijzelf: ik had het goed gedaan.

Rabia had ook Nederlandse boeken thuis en we gingen samen huiswerk maken en oefenen. We spraken een mengelmoes van Berbers, Arabisch en Nederlands. Soms vond Rabia dat we de straat op moesten om te oefenen. Dan gingen we naar de markt en maakte ze een praatje met Nederlanders.

'Lekker weer,' zei ze dan. En: 'Mooie tomaten.' Ik was te verlegen om dat te doen, maar leerde er wel van.

Nu, ongeveer twaalf jaar later, is mijn Nederlands een stuk beter. Ik praat het niet vloeiend, maar in een winkel of een kort gesprek kan ik zeggen wat ik wil. Rabia is veel beter dan ik, zij kan overal over praten in het Nederlands.

We zijn in al die jaren maar vier keer in Marokko geweest. Bij elk volgend bezoek werd de familie schijnheiliger. Vroeger vonden ze Maryam niet goed genoeg en nu willen ze haar allemaal voor hun zoons. Maar dat gun ik hen niet, ik laat mijn dochter wel in Nederland trouwen.

Mijn zusje zie ik vaker, ze woont in België, maar haar man is zo streng dat ze niet bij ons op bezoek mag komen. Ze heeft zes kinderen en haat hem. Hij is oud en ze maakt vaak grapjes dat ze hoopt dat hij snel overlijdt.

Maryam heeft weinig op met haar familie. De eerste keer dat we naar Marokko gingen wilde ze al niet met haar neefjes en nichtjes spelen. Ze begrijpen elkaar niet en dat vind ik niet erg. Kinderen uit het dorp zijn ook anders, harder dan Maryam.

De laatste jaren is mijn dochter erg veranderd. Vroeger vertelde ze me alles en waren we heel hecht. Nu heeft ze kritiek op mij en Ahmed. Ze vindt ons onwetend en kortzichtig. Vaak leest ze dingen voor over de islam: 'Dit moeten jullie weten,' zegt ze dan. Maar wij zijn anders opgegroeid. Ik heb nooit iets gelezen over het geloof, alleen maar geleerd hoe het moet. Het is wel mooi dat ze zo met God bezig is, maar misschien gaat ze te ver. Sinds een paar maanden draagt ze een *niqaab*. De eerste keer dat ze daarin naar beneden kwam schrok ik. Ik zag niets meer van mijn dochter terug. 'Ga je daarin naar school?' vroeg ik haar. Ze legde uit dat het beter was omdat de islam zegt dat een vrouw zichzelf zoveel mogelijk moet bedekken. Daar kan ik niets op zeggen.

Mijn man heeft geprobeerd haar over te halen om die niqaab af te doen, maar ze is zeker van haar zaak. Vaak stelt ze ons vragen over de islam die wij niet kunnen beantwoorden. Dan zegt ze dat we terug moeten naar het echte geloof. Alles tussen haar en mij gaat de laatste maanden over het geloof en ik voel een afstand tussen ons. Ze is niet meer wie ze was, ze heeft sinds kort nieuwe vrienden die ook heel gelovig zijn. Aan de ene kant ben ik blij voor haar dat ze zo diep gelooft en vind ik het mooi dat ze de islam serieus neemt, maar het is soms ook moeilijk. Elk onderwerp wordt gezien in het licht van de islam. En veel van wat ik geleerd heb ontkent ze. Laatst zei ze tegen me: 'Mamma, dat jij maar één kind hebt is een lichamelijk probleem. Het heeft niets met djinns en magie te maken. Je had naar een echte dokter moeten gaan.'

Maryam (1987)

In de islam is het eigenlijk het beste als je niet alleen je haar bedekt maar ook je gezicht. Dat is de mening van heel veel belangrijke geleerden. Toen mijn vriendin en ik dat hadden gehoord hebben wij allebei besloten om een niqaab te dragen. Zowel mijn ouders als haar ouders waren er zwaar op tegen, maar ik probeer het mijn moeder gewoon uit te leggen: 'Als je weet dat je daarvoor veel *hasanaat*, zegeningen, krijgt, is het bijna een zonde om het niet te doen.' Zij geeft echter niets om mijn argumenten, ze kijkt naar de mensen om haar heen en naar de Nederlanders: 'Dat soort dingen dragen ze alleen in Afghanistan. Wij Marokkanen doen dat niet. En de Nederlanders zullen jou zo geen baan geven.'

Het kan mij niets schelen, Allah is belangrijker dan een baan. Als ik ergens terecht kan en ze accepteren mij hoe ik ben, dan zal ik daar werken. Anders verhuis ik naar een islamitisch land waar het normaal is. Ik snap de mensen niet. Ik doe hier toch niemand kwaad mee! Waarom is in liefde en oorlog alles geoorloofd? En als iemand iets doet of laat voor zijn werk noemt men dat ambitie, maar als je diezelfde passie laat zien voor je godsdienst is dat opeens gevaarlijk, achterlijk of iets dergelijks.

Van Nederlanders kan ik zo'n reactie nog wel verwachten, maar heel veel moslims reageren ook onwetend. Ze volgen nog de islam van de bergen van Marokko, waar het normaal was om naast Allah heiligen aan te roepen. En waar ze dachten dat ze genazen van een ziekte door een of ander graf te bezoeken. *Staghfiroellah*, moge God het hun vergeven! Zo waren mijn ouders ook. Mijn moeder weet nu ook wel dat het fout is om iemand anders aan te roepen dan Allah. Ze zegt: 'Toen wisten wij niet beter, moge Allah ons vergeven.' Maar ze gelooft nog steeds dat ze pas een kind kreeg toen ze een kip slachtte bij dat heiligdom. En mijn ouders willen heel veel gewoontes niet opgeven, terwijl ze in strijd zijn met de leer van de islam. Zo geeft mijn moeder ook een hand aan vreemde mannen. Mijn vader zegt er niets van, want hij vindt dat als je vijf keer per dag bidt, een maand in het jaar vast, regelmatig geld afstaat en één keer in je leven de hadj verricht, dat dat genoeg moet zijn om in de hemel te komen. Een soort van 'doe-maar-gewoon-dan-doe-je-al-gek-genoeg'-mentaliteit, maar dan voor de islam. Ik vrees dat Allah meer verwacht van ons moslims.

Voor mij is mijn geloof het belangrijkste in mijn leven. Zelfs de kleinste regeltjes probeer ik na te leven omdat ze er niet voor niets zijn. Als Allah die regels heeft gemaakt dan zijn ze er om gevolgd te worden. Als je eenmaal gekozen hebt voor een geloof dan moet je er helemaal voor gaan, vind ik. En niet afraffelen zoals de meeste mensen doen. Sommigen zijn zo lui dat ze alle vijf de dagelijkse gebeden samen bidden op één tijdstip. Dan vraag ik me af of dat wel wordt geaccepteerd, maar *Allahoe a'lam*, God weet het het beste.

Een man die met mij wil trouwen moet wel hetzelfde denken als ik. We moeten elkaar stimuleren om het beste uit onszelf te halen. Ook voor onze kinderen. Ik zal zeker geen genoegen nemen met een jongen die alleen maar met de ramadan naar de moskee gaat. De islam moet ook voor hem het allerbelangrijkste zijn. Een van mijn vriendinnen heeft mij verteld over een vriend van haar man, een broeder die hij kent van de lessen in de moskee. Hij is pas een paar jaar in Nederland, hij komt oorspronkelijk uit Egypte. Volgens hen is hij wel een geschikte huwelijkskandidaat maar ik durf geen ja te zeggen. Ik ben bang dat hij mij zal dwingen thuis te blijven terwijl hij elke dag naar de moskee gaat. Hij is hier ook niet opgegroeid dus misschien heeft hij wel heel ouderwetse opvattingen. Ik durf het gewoon niet aan. En omdat afspreken haram, verboden, is kunnen we elkaar niet leren kennen. We mogen ook niet met elkaar praten door de telefoon. Dus iemand echt leren kennen voordat ik met hem trouw zal niet mogelijk zijn. Maar dat geeft niet, ik vertrouw gewoon op Allah.

Ik ben blij dat mijn ouders naar Nederland zijn gekomen, ik weet dat mijn moeder daar echt rot werd behandeld door haar schoonfamilie. Ze hebben het haar heel moeilijk gemaakt. En het leven in de bergen van Marokko is al moeilijk genoeg! Mannen en vrouwen moeten er keihard werken op het land. En meer dan hun avondeten krijgen zij er niet voor terug. We zouden daar zo'n ander leven hebben geleid. Maar *alhamdoelillah*, lof zij God, mijn vader heeft de kans gekregen om hier in Nederland te komen werken. Daardoor heb ik in alle vrijheid een opleiding kunnen volgen, leren lezen en schrijven. Als we daar waren gebleven zou ik onwetend gebleven zijn. En dan zou ik me niet bezig hebben gehouden met het geloof, want dat doen de vrouwen daar niet. Die bezoeken de moskee nooit, lezen de Koran niet en kennen de regels van de islam niet.

Mijn moeder heeft hier bovendien een veel rustiger leven kunnen leiden. In het begin nog niet want toen woonden wij nog samen met mijn grootouders in één huis. Ik weet nog dat het huis heel klein was, eigenlijk niet geschikt voor twee gezinnen. Mijn ouders en ik sliepen in het voorste gedeelte van de woonkamer. Mijn ouders konden pas slapen als mijn opa en oma naar hun slaapkamer gingen. En soms bleven ze tot laat in de avond televisie kijken terwijl mijn vader vroeg moest slapen voor zijn werk. Daar kon hij natuurlijk niets van zeggen vanwege het respect voor zijn ouders. Mijn oma was ook erg streng in bezoek ontvangen. Alleen zij mocht mensen bij ons thuis uitnodigen. Mijn moeder heeft vaak geprobeerd de buurvrouw of een vriendin uit te nodigen voor een kop koffie maar ze kreeg geen toestemming van haar. Vooral Rabia, een Arabische vriendin van mijn moeder was aanleiding voor veel ruzies. Mijn oma haatte haar, puur en alleen omdat ze een Arabische was. Terwijl zij juist zo goed was voor mijn moeder, ze heeft haar wegwijs gemaakt in de buurt en ze stond altijd voor ons klaar. Ik snap dat stomme gedoe niet tussen Berbers en Arabieren. Wij zijn toch allemaal moslims?! Gelukkig zijn mijn ouders niet zo bekrompen dat ik niet met een Arabier zou mogen trouwen maar veel van mijn vriendinnen hebben dat probleem wel. Die ouders hebben liever een Berber die niet bidt, dan een gelovige Arabier.

Toen we eenmaal verhuisden konden mijn ouders eindelijk hun eigen beslissingen nemen. Voor mijn moeder was het misschien wel voor het eerst in haar leven. Haar vriendschap met Rabia werd toen ook sterker, omdat ze sindsdien bij elkaar op bezoek gingen. Mijn moeder was altijd angstig voor nieuwe ideeën, pas als Rabia haar ervan overtuigd had dat er niets ergs was aan een uitje naar de dierentuin stemde ze in. Aan mijn vader lag het niet, hij liet mijn moeder altijd vrij. Hij liet dat soort besluiten aan haar over. Mijn moeder is zo'n vrouw die dat soms niet aankan. Ze heeft liever dat mijn vader voor haar beslist, ook al zegt hij nee. Daar kan ik niet tegen. Het lijkt wel of ze niet beseft dat ze geluk heeft met zo'n man. Hoeveel Marokkaanse vrouwen zijn er wel niet die hun man dagenlang moeten smeken om alleen maar naar de Wibra te gaan? Ik probeer haar altijd uit te leggen dat het juist normaal is als een vrouw zulke vrijheden heeft. Maar het idee dat een vrouw, als ze eenmaal getrouwd is, eigendom is van haar man zit in haar vastgeroest. Ik houd van mijn moeder, echt, maar ze is soms zo simpel.

Ik wil later insjallah, als God het wil, maatschappelijk werkster worden om dit soort ideeën bij Marokkaanse vrouwen eruit te krijgen. Ze zeggen heel vaak dat het aan hun mannen ligt, maar ik heb gemerkt dat sommige vrouwen zelf ook aan de achterstelling van de vrouw meewerken. Zodra een vrouw iets nieuws wil, zoals autorijden, beginnen andere vrouwen over haar te roddelen. En bij vrouwenbesnijdenissen in Egypte zijn het heel vaak de oma's of moeders die de meisjes per se willen laten besnijden, zelfs als de vader er op tegen is. Dan denk ik: waarom doen jullie het jullie zelf aan?!

Dat denk ik soms ook over mijn moeder. Ik probeer veel met haar te praten over dit leven en het hiernamaals. Ik vind dat we nog veel in ons leven moeten veranderen voordat we kunnen hopen dat we tot de hemel worden toegelaten. En ik wil niet egoïstisch zijn en alleen met mijzelf bezig zijn. De kennis die ik heb van de islam probeer ik met zoveel mogelijk mensen te delen. Elke keer als ik iets nieuws leer, bespreek ik dat met mijn moeder. Maar of zij dat op prijs stelt weet ik niet. Ze wil liever gewoon doorgaan met haar leventje zoals dat nu is. Ik zei het al, mijn moeder is bang voor nieuwe ideeën.